Linux para Principiantes

JASON CANNON

CONTENIDOS

INTRODUCCIÓN

Saber dónde empezar cuando se aprende una nueva habilidad puede ser un reto, especialmente cuando el tema parece tan vasto. Puede haber tanta información disponible que ni siquiera se puede decidir por dónde empezar. O peor aún, empieza a aprender y rápidamente descubre demasiados conceptos, comandos y matices que no se explican. Este tipo de experiencia es frustrante y te deja con más preguntas que respuestas.

Linux para principiantes no hace ninguna suposición acerca de sus antecedentes o conocimiento de Linux. Usted no necesita ningún conocimiento previo para beneficiarse de este libro. Se le guiará paso a paso utilizando un enfoque lógico y sistemático. A medida que se encuentre con nuevos conceptos, comandos o jerga, estos se explican en un lenguaje sencillo, lo que hace que sea fácil que cualquiera pueda entenderlo.

Vamos a empezar.

COMENCEMOS POR EL PRINCIPIO: ACCEDER

Con el fin de empezar a aprender y poner sus nuevos conocimientos a prueba, va a necesitar acceso a un sistema Linux. Si ya tiene una cuenta en un sistema Linux, puede pasar directamente al siguiente capítulo.

Acceso Mediante Línea de Comandos a Través de la Web

La forma más rápida para conseguir acceso a una cuenta de Linux operativa es visitar http://www.simpleshell.com en su navegador web y hacer clic en "Iniciar mi sesión". Se mostrará un emulador de terminal que se conecta a un servidor Linux. Se le conectará automáticamente con una cuenta genérica y verá el comando de shell.

Puesto que usted no tiene una cuenta personal su historial de shell y los archivos que se crean serán destruidos al final de su sesión. SimpleShell es ideal para probar algunos comandos o trabajar durante un corto período de tiempo puesto que las sesiones están limitadas a 15 minutos cada uno. Usted puede comenzar otra sesión al final de sus 15 minutos, pero tenga en cuenta que perderá cualquier trabajo de la sesión anterior.

Alojamiento Web para Cuentas Shell

Si utiliza un servicio de alojamiento web para alojar su sitio web puede que ya tenga una cuenta de Linux que puede utilizar. Consulte la documentación de su servicio de alojamiento y busque "SSH" o "acceso a una consola." SSH significa Secure Shell y proporciona una manera de conectarse a un servidor a través de una red, como Internet. Si usted todavía no tiene un proveedor de alojamiento web, puede contratar uno y utilizarlo para el acceso shell. Los proveedores de alojamiento web compartido suelen cobrar unos pocos dólares al mes.

Estas son algunas de las empresas de alojamiento web compartido que le pueden proporcionar una cuenta shell y acceso SSH.

- 1and1.com

- BlueHost.com

- DreamHost.com

- HostGator.com

- Site5.com

Usando Imágenes Linux Preinstaladas

VirtualBox es un software de virtualización que puede ser instalado en Windows, Mac, Solaris o Linux. Esto le permite ejecutar un sistema operativo (invitado) en el interior de su sistema operativo actual (host). Es más lento que las otras opciones, pero puede valer la pena el esfuerzo extra para tener su propio sistema Linux personal. Con esta opción tardará unos pocos minutos para instalar el software de virtualización, descargar una imagen de Linux pre - instalada, e importar esa imagen.

Para empezar, vaya a la página de descarga de VirtualBox ubicada en https://www.virtualbox.org/wiki/Downloads y descargue el instalador para su sistema operativo actual. Haga clic a través de las pantallas de instalación y acepte los valores predeterminados.

A continuación, descargue una imagen de disco virtual (VDI) desde http://virtualboxes.org. Recomiendo que descargue una imagen de CentOS o Ubuntu, a menos que usted ya sabe con que distribución de Linux va a trabajar en el futuro. Honestamente, no puede tomar una decisión equivocada. Los conceptos que usted aprenderá en este libro se aplican a cualquier distribución de Linux.

Inicie VirtualBox, cree una nueva máquina virtual, y use la imagen de disco virtual que acaba de descargar. Cuando se le pida una imagen de disco duro seleccione la opción " Usar disco duro existente " y haga clic en el icono del directorio. A continuación, haga clic en " Añadir " y seleccione la imagen de disco virtual. Cuando la máquina virtual está encendida puede iniciar sesión en el servidor utilizando el nombre de usuario y la contraseña proporcionada con la imagen descargada.

Para Profundizar

Estos enlaces, junto con otro material complementario están disponibles en:

http://www.linuxtrainingacademy.com/lfb

- Instalación de VirtualBox en Mac - Un video que le guía a través de la instalación de VirtualBox en Mac OS. http://youtu.be/xBQdflx1L1o

- Cómo instalar VirtualBox en Windows - Un video que le guía a través de la instalación de VirtualBox en Windows. http://youtu.be/CBhppdewtEQ

- VirtualBox Documentación - Documentación oficial de VirtualBox https://www.virtualbox.org/wiki/Documentation

- Página de descarga de VirtualBox - Dónde obtener una copia del software VirtualBox. https://www.virtualbox.org/wiki/Downloads

- VirtualBoxes.org - Una buena fuente de imágenes de disco virtuales. http://virtualboxes.org/

CONSEGUIR UNA CONEXIÓN

Al crear la cuenta se le proporcionarán detalles sobre cómo conectar con el servidor Linux. Se le proporcionarán algunos o todos los siguientes datos:

- Nombre de usuario. Esto también se conoce como una cuenta, login o ID.

- Contraseña

- clave SSH

- Nombre del servidor o dirección IP

- Número de puerto

- Protocolo de conexión

El protocolo de conexión será o bien SSH (Secure Shell) o Telnet. SSH y telnet proporcionan maneras de conectarse a un servidor a través de Internet o de una red de área local. En la gran mayoría de los casos el protocolo de conexión será SSH. Telnet es prácticamente obsoleto en este punto, sin embargo es posible que lo encuentre si necesita tener acceso a un sistema heredado.

La elección de un cliente de SSH

Si necesita usar un cliente SSH específico, use ese programa y siga la documentación de dicho producto. Si puede elegir su propio cliente o no le proporcionaron uno, sugiero utilizar PuTTY para Windows o Terminal para Mac.

PuTTY se puede descargar desde este sitio Web : http://www.LinuxTrainingAcademy.com/putty/. Sólo es necesario instalar putty.exe para empezar.

La aplicación Terminal viene pre -instalada en los Mac y se encuentra en la carpeta /Aplicaciones/Utilidades.

Una lista con otros clientes SSH se le proporciona en la sección Deep Dive al final de este capítulo.

Conexión a través de SSH con una contraseña desde Windows

Para conectar con el servidor Linux utilizando el protocolo de conexión SSH, lance PuTTY.

Escriba el nombre de host o dirección IP que se le dio en el cuadro Nombre de host (o dirección IP). Si no tiene ningún puerto, déjel el valor predeterminado de 22.

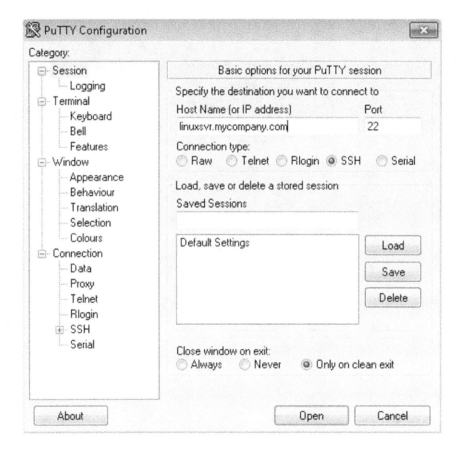

Introduzca su nombre de usuario haciendo clic en Datos en el panel izquierdo. Se encuentra justo debajo de Conexión. Escriba su nombre de usuario en el campo de nombre de usuariopara iniciar sesión automáticamente. Si se salta este paso se le pedirá su nombre de usuario cuando se conecte al servidor.

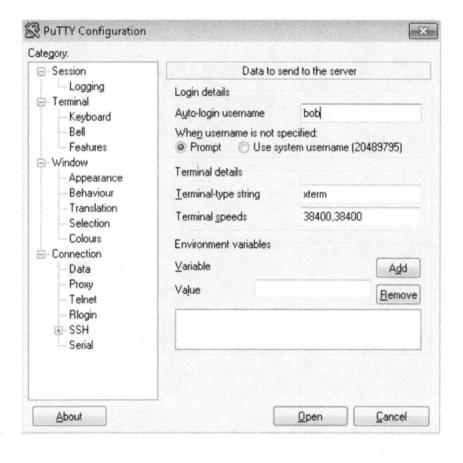

Guarde la sesión escribiendo un nombre en el cuadro de Sesiones Guardados y haga clic en Guardar. Esto le permite acelerar este proceso con sólo hacer doble clic en su sesión guardada para conectar con el servidor de Linux.

Al hacer clic en Abrir se realizará un intento de conexión. La primera vez que se conecte a un servidor en particular, PuTTY le preguntará si debe almacenar en caché la clave de host del servidor. No se le pedirá la clave de nuevo en las conexiones posteriores. Para agregar la clave de host SSH del servidor al caché de PuTTY, simplemente haga clic en Sí cuando se le solicite.

Una vez que se haya identificado con éxito en, verá algo similar a esto:

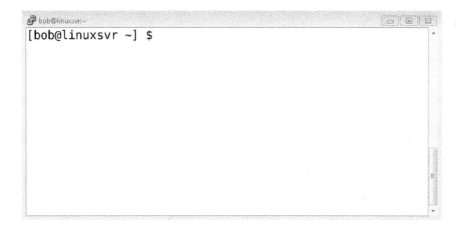

Conexión a través de SSH con una contraseña de Mac

El cliente SSH integrado en Mac es un programa de línea de comandos. Los programas de línea de comandos se pueden ejecutar con la aplicación Terminal que viene con el sistema operativo Mac OS. Se encuentra en la carpeta /Aplicaciones/Utilidades. El formato del comando ssh es ssh-p número_puerto nombre de usuario @ nombre del servidor. Si no se le ha proporcionado un número de puerto, entonces se supone que el puerto por defecto es 22 y puede omitir-p 22 del comando ssh. Del mismo modo, el nombre de usuario sólo se debe especificar si es diferente en el servidor del que tiene en la estación de trabajo Mac. Por ejemplo, si su nombre de usuario en Mac es bob y su nombre de usuario en linuxsvr también es bob, puede omitir bob@ y simplemente teclea linuxsvr ssh. Una vez que la terminal está en ejecución, escriba el comando ssh. Los comandos distinguen entre mayúsculas y minúsculas y el comando ssh es con minúscula. Debe quedar como una de estas tres opciones:

```
ssh linuxsvr
ssh bob@linuxsvr
ssh -p 2222 bob@linuxsvr
```

La primera vez que se conecte a un servidor en particular se le pedirá verificar la clave de host del servidor. No se le pedirá de nuevo en las conexiones posteriores. Cuando se le pregunte ¿Está seguro de que desea continuar con la conexión (sí / no)? escriba sí y pulse Enter. Una vez que haya establecido una conexión, se le pedirá la contraseña.

Al igual que Mac, Linux también viene con un programa de terminal y un cliente SSH. Una vez conectado a un servidor Linux puede utilizar el comando ssh para conectarse a otro servidor Linux. Puede anidar múltiples conexiones y de esta manera navegar a través de su red de servidores Linux.

Información general sobre la conexión a través de SSH con Claves

Puede que no haya recibido una contraseña, sino una clave SSH o incluso se le pidió generar una. En el mundo físico una llave abre una puerta. Del mismo modo, una clave SSH se utiliza para desbloquear el acceso a su cuenta en el servidor. Si no dispone de una clave, no puede abrir la puerta.

El uso de contraseñas de cuentas o una combinación de las contraseñas de cuenta y claves SSH es una práctica común. Con el crecimiento de la computación en nube en los últimos años, el uso de claves SSH de forma exclusiva es cada vez más popular. Puesto que los servidores en la nube a menudo están conectados a la red de Internet público, son propensos a ataques de fuerza bruta. Una persona maliciosa podría escribir un programa que se conecta varias veces al servidor intorduciendo una nueva combinación de usuario y contraseña. Pueden aumentar sus probabilidades de entrar mediante el uso de una lista de nombres de usuario y contraseñas comunes. Configurar el servidor en la nube para que no acepte contraseñas de cuentas si no sólo claves SSH elimina esta amenaza.

Puede aumentar aún más la seguridad de su clave SSH, dándole una frase de contraseña. En este caso se necesita algo que tiene - la clave - y algo que usted sabe - la frase de paso - para tener acceso a su cuenta. Si esta seguro de que sólo usted tendrá la clave, puede renunciar a la frase de contraseña para su clave. Esto le permitirá iniciar sesión en los servidores sin tener que escribir una contraseña en absoluto. Tener una clave SSH sin una frase de contraseña le permitirá automatizar y programar tareas que requieren inicio de sesión en sistemas remotos.

Importación de claves SSH en Windows

Si tiene una clave SSH que no está ya en el formato PuTTY, tendrá que convertirla. PuTTYgen se requiere para convertir una clave SSH en un sistema Windows.

Ejecute PuTTYgen, haga clic en Cargar y navegue hasta la clave SSH privada que le dieron. Los nombres de los archivos son típicamente id_rsa o id_dsa para claves privadas, y id_rsa.pub o id_dsa.pub para las claves públicas.

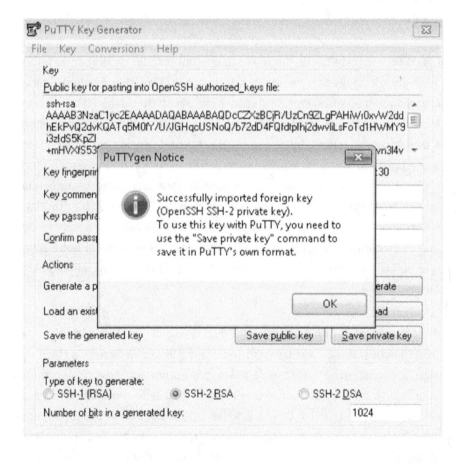

Ahora usted puede guardar las claves públicas y privadas para su uso posterior con PuTTY.

Generación de claves SSH en Windows

Con el fin de crear una clave SSH en un sistema Windows, necesitará PuTTYgen.

Al ejecutar PuTTYgen se le pedirá mover el ratón para crear datos aleatorios que se utilizará en la generación de la clave.

Usted tiene la opción de usar una frase de paso para su clave. También puede cambiar el comentario a algo que tenga más sentido, como `La clave de Bob`.

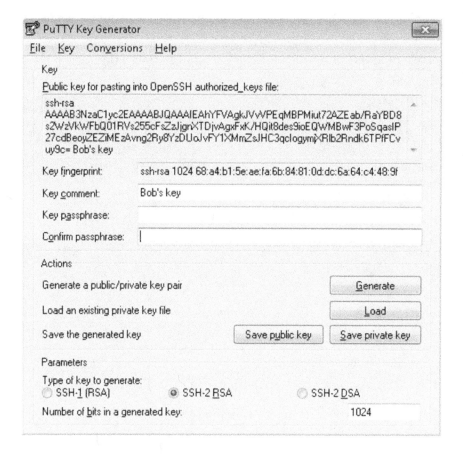

Ahora, guarde las claves pública y privada haciendo click en Guardar clave pública y Guardar clave privada. De la clave pública al administrador del sistema para que pueda asociarla a su cuenta. La clave privada es sólo para usted. No comparta su clave privada!

A continuación, exporte la clave como una clave OpenSSH haciendo clic en Conversiones y luego Export OpenSSH Key. Esta clave OpenSSH puede utilizarse posteriormente en los sistemas Unix o Linux.

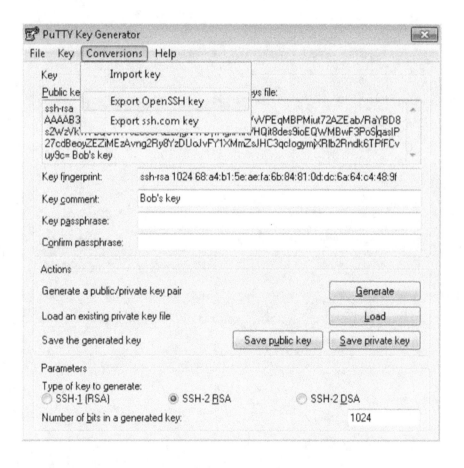

Conexión a través de SSH desde Windows

Siga las instrucciones para "Conexión a través de SSH con una contraseña de Windows", pero esta vez debe agregar un paso adicional para especificar el archivo de clave privada SSH. Usted puede hacer esto haciendo clic en el signo (+) junto a SSH en el panel izquierdo para mostrar más opciones. Luego haga clic en Auth. En el panel derecho, seleccione Examinar bajo el archivo de clave privada para el campo de la autenticación y encuentre su clave SSH privada.

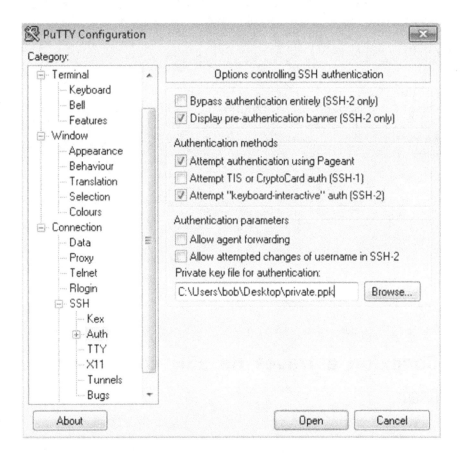

Generación de claves SSH en Mac

Si se le pide que genere una clave SSH, inicie la aplicación Terminal y utilice la utilidad de línea de comandos denominada ssh-keygen. Se le harán una serie de preguntas. Acepte todos los valores por defecto pulsando Enter. Opcionalmente, introduzca una contraseña para su clave SSH.

```
mac:~ bob$ ssh-keygen
Generar par de claves publicas/privadas rsa.
Introduzca archivo en el que guardar clave
(/Users/bob/.ssh/id_rsa):
Introduzca passphrase (vacío si no hay):
Introduzca el mismo passphrase de neuvo:
Su identificación ha sido guardada en
/Users/bob/.ssh/id_rsa.
Su clave públlica ha sido guardada en
/Users/bob/.ssh/id_rsa.pub.
La huella digital es:
0b:14:c5:85:5f:55:77:35:5f:9e:15:a9:b4:b0:54:05
bob@mac
La imágen de la clave es:
+--[ RSA 2048]----+
|       .o.o. .E+=@|
|       .o  o.. oO|
|       .  ...+ o.o|
|       .    .. o  |
|       . S        |
|       . .        |
|         .        |
|                  |
|                  |
+-----------------+
```

Conexión a través de SSH con claves de Mac

Si ha generado sus claves, esta parte ya está hecha. Si le dieron una clave SSH, es necesario introducirla en un directorio llamado. ssh debajo de su directorio personal. Abra la aplicación Terminal y escriba los siguientes comandos. Pulse Enter al final de cada línea.

```
mkdir ~/.ssh
chmod 700 ~/.ssh
```

Usted entenderá todo lo que estos comandos hacen a medida que avanza a través de este libro. Con el fin de agilizar el proceso de conectarse, los datos se guardarán para más adelante.

Cambie a Finder para copiar las claves en la carpeta ssh.. En el menú Finder, haga clic en Ir y luego ir a la carpeta ... y escriba ~ /. ssh cuando se le solicite. Al hacer clic en ir, se mostrará la carpeta ssh.

Ahora puede arrastrar las claves en su lugar.

De vuelta a la ventana de Terminal, establezca los permisos apropiados en sus archivos más importantes. (Como hemos mencionado, estos comandos serán explicados más adelante.)

```
cd ~/.ssh
chmod 600 *
```

Lo recomiendo altamente nombrar las teclas en el siguiente formato : id_rsa y id_rsa.pub o id_dsa y id_dsa.pub De lo contrario, tendrá que especificar la ubicación de su clave cuando utiliza el comando ssh o realice alguna configuración adicional para decirle a SSH que sus claves no son nombrados en la forma estándar.

Como regla general, es mucho más fácil si se siguen las convenciones estándar y prácticas comunes. Una de las cosas que más me gusta de Linux es la libertad y el poder que te da para hacer las cosas en una miríada de formas. Hay casos en los que seguir las convenciones estándar será lo mejor.

Si usted todavía desea nombrarlo de otra forma, puede decirle a SSH dónde encontrarlo añadiendo `-i key_location` al comando `ssh`. Recuerde que el formato del comando ssh que se utilizó anteriormente es `ssh -p número_puerto nombre de usuario @ nombre del servidor`. Se puede ampliar a `ssh -i key_location -p número_puerto nombre de usuario @ nombre del servidor`. He aquí un ejemplo:

```
ssh -i /Users/bob/.ssh/bobs_key bob@linuxsvr
```

Conexión a través de Telnet

Telnet solía ser la forma de facto para conectarse a un servidor Unix o Linux. A lo largo de los años telnet ha sido reemplazado con Secure Shell, SSH abreviada. SSH es, como su nombre lo indica, más seguro que Telnet. Telnet envía sus credenciales de inicio de sesión en la red como texto sin formato. SSH encripta las comunicaciones entre el cliente y el servidor, lo que mejora en gran medida la seguridad. Si alguien fuera a espiar los paquetes o espiar a su conexión, verían un texto ilegible y caracteres aleatorios. Si usted necesita conectarse con telnet a un sistema puede utilizar las instrucciones SSH de arriba, pero con un par de cambios menores.

Conexión a través de Telnet desde Windows

Ejecute PuTTY y seleccione el botón de radio `Telnet`. Si no tiene un puerto específico, déjelo en el valor predeterminado de 23. Se le pedirá su nombre de usuario y contraseña cuando se conecte al servidor.

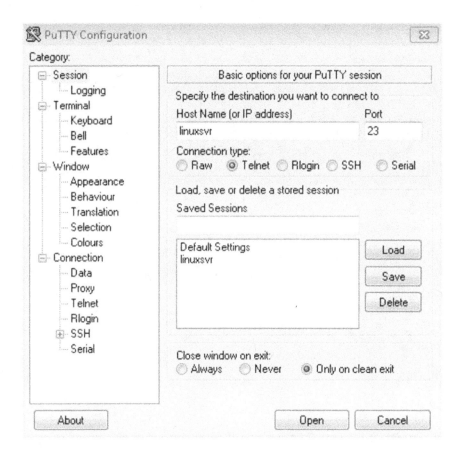

Conexión a través de Telnet desde Mac

El cliente incorporado de telnet en Mac es un programa de línea de comandos. Los programas de línea de comandos se pueden ejecutar con la aplicación Terminal que viene con el sistema operativo Mac OS. Se encuentra en la carpeta / Aplicaciones / Utilidades. El formato del comando telnet es nombreservidor número_puerto. Sólo es necesario incluir un número de puerto, si es diferente al valor por defecto de 23. Se le pedirá su nombre de usuario y contraseña cuando se conecte al servidor.

```
mac:~ bob$ telnet linuxusvr
Probando 10.0.0.7...
Conectado a 10.0.0.7.
Carácter de escape es '^]'.
Ubuntu 12.04.3 LTS
linuxsvr login: bob
Password:
Último acceso: Thu Nov  7 01:26:37 UTC 2013
Bienvenido a Ubuntu 12.04.3 LTS

 * Documentación:  https://help.ubuntu.com/

Información del sistema a partir del 07 de noviembre
01:26:52 UTC 2013

  Carga del sistema: :  0.42
  Uso de /:   3.1% of 40GB
  Memoria: 32%
  Uso Swap:   0%
  Procesos:            89
  Usuarios conectados:      0
  dirección IP para eth0: 10.0.0.7

bob@linuxsvr:~$
```

Conexión directa

Si está ejecutando Linux en VirtualBox como se describe en el capítulo anterior o si tiene hardware con Linux instalado en él, sólo tiene que conectarse directamente al servidor. Se le presentará con un mensaje que le solicita su nombre de usuario y contraseña. Si se trata de un entorno gráfico, usted tendrá que encontrar una aplicación de terminal para usar después de haber iniciado sesión. En la mayoría de los casos, será literalmente "terminal", pero es posible que vea algunas ligeras variaciones como "terminal de gnome", "Konsole", o "xterm".

Esto es lo que verá al abrir la aplicación del terminal en CentOS. Usted lo encontrará en uno de los menús.

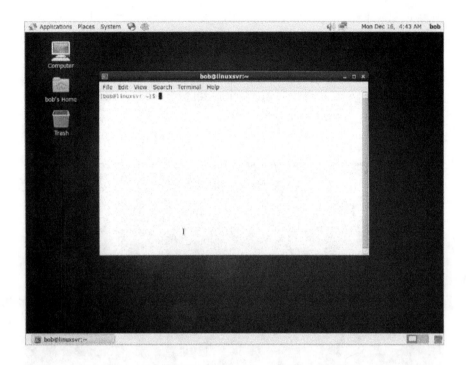

En algunos entornos gráficos de Linux puede que no haya un sistema de menús tradicionales. En estos casos tendrá que buscar la aplicación del terminal. En este ejemplo de Ubuntu, haga clic en el botón en la parte superior izquierda de la pantalla para que aparezca el cuadro de mandos. Ahora puede empezar a escribir para encontrar las aplicaciones que están instaladas en el sistema.

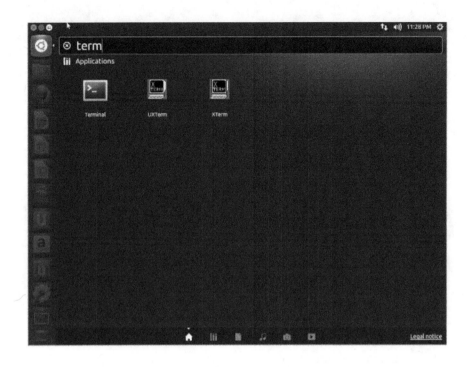

Para Profundizar

- Lista de clientes Mac SSH
  http://www.openssh.org/macos.html

- Lista de clientes SSH, todas las plataformas
  http://en.wikipedia.org/wiki/Comparison_of_SSH_clients

- Lista de emuladores de terminal - Incluye terminales para
  Windows, Mac y Linux.
  http://en.wikipedia.org/wiki/List_of_terminal_emulators

- Lista de Clientes Telnet
  https://en.wikipedia.org/wiki/Telnet # Telnet_clients

- Lista de clientes de Windows SSH
  http://www.openssh.org/windows.html

- OpenSSH.org - La página web oficial del OpenSSH.

- PuTTY
  http://www.LinuxTrainingAcademy.com/putty/

- Ver Star Wars a través de una conexión telnet.

  - `telnet towel.blinkenlights.nl`

  - Para desconectarlo, mantenga presionada la tecla Ctrl y
    presione el corchete de cierre (]). En telnet> indicador,
    escriba quit y presione Intro.

  - Usando autentificación SSH con clave pública
    http://macnugget.org/projects/publickeys

BIENVENIDO A SHELL

Al iniciar sesión en un servidor a través de la red el programa de shell se inicia y actúa como su interfaz por defecto en el sistema. Shell no es más que un programa que acepta sus comandos y ejecuta los comandos. Dicho de otra manera, shell es un intérprete de línea de comandos.

Echemos un vistazo a la línea de comandos con la que va a trabajar. El aviso está allí a la espera de que haga algo interesante como darle un comando para ejecutar. Aquí esta el intérprete de comandos de Bob.

bob@linuxsvr $

El comando de Bob está en un formato común de usuario @ nombre del servidor $. En este ejemplo, el indicador está mostrando el nombre de usuario, el nombre del servidor, y si ese usuario está utilizando el sistema como un usuario normal ($) o un superusuario (#).

El superusuario en un sistema Linux también se llama raíz. Cualquier cosa que se pueda hacer en el servidor se puede hacer por la raíz. Sin embargo, los usuarios normales sólo pueden hacer un subconjunto de las cosas que puede hacer root. El acceso de root suele restringirse a los administradores del sistema, pero si tiene una aplicación en un servidor Linux puede que tenga privilegios de root para instalar, iniciar o detener. Hay maneras de conceder privilegios de superusuario a usuarios específicos para casos específicos. Esto a menudo se lleva a cabo con el programa sudo - superusuario Do -, que trataremos más adelante. Por ahora, sólo sabemos que la mayor parte de sus actividades del día a día se realizarán utilizando una cuenta de usuario normal.

Su comando puede no parecerse al de Bob. Los elemenots comunes de los comandos incluyen el nombre de usuario, nombre de servidor, el directorio de trabajo actual y la hora actual. Aquí hay algunos ejemplos más:

```
[bob@linuxsvr /tmp]$
linuxsvr:/home/bob>
bob@linuxsvr:~>
[16:45:51 linuxsvr ~]$
$
%
>
```

En dos de los ejemplos rápidos notará una tilde (~). La tilde es una forma abreviada de representar su directorio personal. En este ejemplo, la tilde (~) es equivalente a / home / bob, que es el directorio principal de Bob. Esto se llama la expansión de tilde. El nombre de usuario se puede especificar después de la tilde y se ampliará para el directorio home del usuario dado. Por ejemplo, ~ mail ampliaría al directorio home del usuario de correo que es / var / spool / mail. Otro ejemplo es ~ pat expansión a / home / pat.

Lo comandos no tienen que estar contenidos en una sola línea. Ellos pueden abarcar varias líneas como en los siguientes ejemplos.

```
linuxsvr:[/home/bob]
$

(bob@linuxsvr)-(06:22pm-:-11/18)-]-
(~)

[Mon 13/11/18 18:22 EST][pts/0][x86_64]
<bob@linuxsvr:~>
zsh 14 %
```

```
██░linuxsvr░██░██ Mon Nov 18 06:22pm
~/
```

En el resto de este libro el comando se acortará al signo de dólar ($) a menos que se visualice el indicador completo para ofrece más claridad. Asimismo, el indicador predeterminado puede variar de un sistema a otro, pero se puede personalizar a su gusto. Eso, junto con otros temas relacionados con shell, se tratarán en un capítulo posterior.

Para Profundizar

- Expasión Tilde
  http://gnu.org/software/bash/manual/html_node/Tilde-Expansion.html

ESTRUCTURA DEL DIRECTORIO LINUX

Ahora que usted es capaz de conectarse con el servidor y conoce la interfaz que va a utilizar, es el momento de aprender acerca de la estructura de directorios. La comprensión de la estructura del directorio le ayudará en el futuro, cuando usted esté buscando los componentes del sistema. Le puede ayudar a responder a preguntas como:

¿Dónde se encuentran los programas?

¿Dónde están los archivos de configuración?

¿Dónde podría encontrar los archivos de registro para esta aplicación?

Directorios comunes

Estos son los directorios de nivel superior más comunes que necesita tener en cuenta y con los que puede interactuar como un usuario normal.

Dir	Descripción
/	El directorio llamado "root". Es el punto de partida para la jerarquía del sistema de archivos. Tenga en cuenta que esto no está relacionado con la raíz, o superusuario.
/bin	Binarios y otros programas ejecutables
/etc	Archivos de configuración de sistema
/home	Directorios raíz
/opt	Software opcional o de terceros
/tmp	Espacio temporal, que normalmente se borra al reiniciar
/usr	Programas relacionados con el usuario
/var	Datos variables, mayormente ficheros log

Directorio Integral

Aquí tiene una lista completa de directorios de nivel superior que puede encontrar en varios sistemas Linux. Algunos subdirectorios se incluyen para ayudar a definir claramente el propósito del directorio de nivel superior. Puede que nunca interactue con muchos de estos directorios. Algunos de estos directorios estarán en cada sistema como / usr. Otros directorios son exclusivos de las distribuciones Linux específicas. Usted puede hojear esta lista y volver a ella cuando haya una necesidad práctica para hacerlo.

Dir	Descripción
/	El directorio llamado "root". Es el punto de partida para la jerarquía del sistema de archivos. Tenga en cuenta que esto no está relacionado con la raíz, o superusuario.
/bin	Binarios y otros programas ejecutables
/boot	Archivos necesarios para iniciar el sistema
/cdrom	Grabación para CD-ROMs.
/cgroup	Jerarquía de Grupos de Control
/dev	Los archivos de dispositivo, normalmente controlados por el sistema operativo y los administradores del sistema.
/etc	Archivos de configuración del sistema
/export	Archivos del sistema compartidos. Normalmente se encuentrane n sistemas Solaris
/home	Directorios raíz
/lib	Librerías del Sistema
/lib64	Librerías del Sistema, 64 bit.
/lost+found	Lo utiliza el sistema de archivos para almacenar los archivos recuperados después de una prueba del sistema se ha realizado.
/media	Se utiliza para montar medios extraíbles como CD-ROMs.
/mnt	Se utiliza para montar sistemas de archivos externos.
/opt	Software de terceros opcional.
/proc	Proporciona información sobre los procesos en ejecución.
/root	El directorio inicial para la cuenta root.
/sbin	Los binarios de administración del sistema.
/selinux	Se utiliza para mostrar información acerca de SELinux.

Dir	Descripción
/srv	Contiene los datos servidos por el sistema.
/srv/www	Archivos del servidor Web.
/srv/ftp	Ficheros FTP.
/sys	Se utiliza para mostrar y, a veces configurar los dispositivos y los buses que se sabe que el núcleo de Linux.
/tmp	Espacio temporal, normalmente despejado en el reinicio. Este directorio puede ser utilizado por el sistema operativo y los usuarios por igual.
/usr	Programas relacionados con el usuario, bibliotecas y documentación. Los sub-directorios en / usr se refieren a los descritos arriba y abajo.
/usr/bin	Binarios y otros programas ejecutables.
/usr/lib	Bibliotecas
/usr/local	Software instalado localmente que no forma parte del sistema operativo base.
/usr/sbin	Los binarios de administración del sistema.
/var	Los datos variables, sobre todo los archivos de registro.
/var/log	Los archivos de registro.

Directorios Específicos de Unix

Linux se encuentra a menudo con otras variantes de Unix. Si alguna vez tiene la necesidad de iniciar sesión en un servidor Unix usted puede que vea algunos de los siguientes directorios específicos de Unix.

Dir	Descripción
/devices	Los archivos de dispositivo, normalmente controlados por el sistema operativo y los administradores del sistema.
/kernel	Kernel y módulos del kernel. (Solaris)
/platform	Archivos específicos de la plataforma. (Solaris)
/rpool	ZFS directorio agrupación raíz. (Solaris)
/net	Se utiliza para montar sistemas de archivos externos. (HP-UX)
/nfs4	Se utiliza para montar la raíz del dominio de sistema de archivos federado. (Solaris)
/stand	Ficheros necesarios para arrancar HP-UX.

Tenga en cuenta que puede encontrar otros directorios de nivel superior que no han sido mencionadas anteriormente. Sin embargo, fueron muy probablemente creado por el administrador del sistema.

Estructuras de Directorio de Aplicaciones

Las aplicaciones pueden seguir las mismas convenciones empleadas por el sistema operativo. Aquí tiene una estructura de directorio de una aplicación llamada apache instalada en / usr / local.

Dir	Description
/usr/local/apache/bin	Los binarios de la aplicación y otros programas ejecutables.
/usr/local/apache/etc	Los archivos de configuración de la aplicación.
/usr/local/apache/lib	Bibliotecas de aplicaciones.
/usr/local/apache/logs	Archivos de registro de la aplicación.

Así se vería si estuviera instalado en / opt.

Dir	Description
/opt/apache/bin	Los binarios de la aplicación y otros programas ejecutables.
/opt/apache/etc	Los archivos de configuración de la aplicación.
/opt/apache/lib	Bibliotecas de aplicaciones.
/opt/apache/logs	Archivos de registro de la aplicación.

Una alternativa común a la colocación de todos los subdirectorios de la aplicación en /opt/app-name es utilizar también /etc/opt/ app-name y /var/opt/app-name. Así se vería para nuestro ejemplo de aplicación apache.

Dir	Description
/etc/opt/apache	Los archivos de configuración de la aplicación.
/opt/apache/bin	Los binarios de la aplicación y otros programas ejecutables.
/opt/apache/lib	Bibliotecas de aplicaciones.
/var/opt/apache	Archivos de registro de la aplicación.

A veces las aplicaciones que no forman parte del sistema operativo estándar se instalan en un directorio compartido y no se les da su propio subdirectorio. Por ejemplo, si Apache se instala directamente en /usr/local sus binarios estarían en /usr/local/bin su configuración estaría en /usr/local/etc. Apache puede no ser el único software instalado localmente por lo que compartiría ese espacio con el resto de aplicaciones instaladas.

Otra práctica común es crear una estructura de directorios basada en un nombre de empresa, organización o equipo. Por ejemplo, si usted trabaja en la Corporación Acme usted puede encontrar un directorio llamado /opt/acme or /usr/local/acme. A veces, los scripts y utilidades se instalan directamente en esa estructura y otras veces son segregados en sus propios subdirectorios. He aquí un ejemplo.

Dir	Description
/opt/acme	Directorio de nivel superior de la empresa.
/opt/acme/bin	Programas binarios creados por o instalados por el Acme Corporation.

Alternativamente puede que vea algo como esto:

Dir	Description
`/opt/acme`	Directorio de nivel superior de la empresa.
`/opt/acme/apache`	El directorio de nivel superior para la instalación de Acme de apache.
`/opt/acme/apache/bin`	Los programas binarios de Apache.

Aquí tiene variaciones de la misma idea, pero en base a un equipo dentro de la empresa.

Dir	Description
`/opt/web-team`	Directorio de nivel superior del equipo de soporte web.
`/opt/acme/web-team`	Directorio de nivel superior del equipo de soporte web.
`/usr/local/acme/web-team`	Directorio de nivel superior del equipo de soporte web.

Ejemplo de Listado de Directorio de Nivel Superior

He aquí una lista de los directorios de primer nivel de unos servidores Linux diferentes. Listar archivos y directorios con el primer comando se tratará en el próximo capítulo.

Red Hat Enterprise Linux 6 (RHEL)

```
[bob@rhel6 ~]$ ls -l /
bin
boot
cgroup
dev
etc
home
lib
lib64
lost+found
media
mnt
opt
proc
root
sbin
selinux
srv
sys
tmp
usr
var
```

SUSE Linux Enterprise Server 11 (SLES)

```
[bob@sles11 ~]$ ls -l /
bin
boot
dev
etc
home
lib
lib64
lost+found
media
mnt
opt
proc
root
sbin
selinux
srv
sys
tmp
usr
```

Ubuntu 12.04 LTS

```
[bob@ubuntu12 ~]$ ls -l /
bin
boot
dev
etc
home
lib
lib64
lost+found
media
mnt
opt
proc
root
run
sbin
selinux
srv
sys
tmp
usr
var
```

Para Profundizar

- Filesystem Hierarchy Standard
  http://refspecs.linuxfoundation.org/FHS_2.3

- man hier

- RedHat Enterprise Linux
  http://redhat.com/products/enterprise-linux/

- SUSE Linux Enterprise Server
  https://www.suse.com/products/server/

- Ubuntu
  http://www.ubuntu.com/

COMANDOS BÁSICOS DE LINUX

He aquí una breve lista de comandos básicos, pero esenciales. En Linux, los comandos distinguen entre mayúsculas y minúsculas y a menudo están enteramente en minúsculas. Los elementos que están rodeados por corchetes ([]) son opcionales. Probablemente usará por lo menos algunos de estos comandos cada vez que inicie sesión en un sistema Linux. Familiaricese con estos comandos, ya que pueden ofrecerle mucho en un corto período de tiempo.

`ls` - Lista el contenido del directorio. Lo usará para mostrar información acerca de archivos y directorios.

`cd [dir]` - Cambia el directorio actual a dir. Si ejecuta cd sin especificar un directorio, cd cambia el directorio actual al directorio de inicio. Esta es la forma de navegar por el sistema.

`pwd` - Muestra el nombre del directorio de trabajo actual. Si usted no sabe el directorio donde se encuentra, pwd se lo dirá.

cat [file] - Concatena y muestra archivos. Este es el comando que ejecuta para ver el contenido de un archivo.

echo [argumento] - Muestra los argumentos de la pantalla.

man command - Muestra el manual en línea para el command. Escriba q para salir de la página del manual. La documentación aportada por el comando man se llama comúnmente "páginas man."

exit, logout, or Ctrl-d - - Sale del shell o la sesión actual.

clear - Borra la pantalla.

Aquí tiene una captura de pantalla de la sesión de Bob usando los comandos anteriores.

```
$ ls
PerformanceReviews sales-lecture.mp3 sales.data
tpsreports
$ cd tpsreports
$ pwd
/home/bob/tpsreports
$ ls -l
total 2
-rw-r--r-- 1 bob users 31 Sep 28 14:49 coversheet.doc
-rw-r--r-- 1 bob users 35 Sep 27 08:47 sales-report
$ cat sales-report
Hemos vendido muchos widgets esta semana!
$ echo $PATH
/bin:/usr/bin:/usr/sbin:/usr/local/bin
$ man ls
NAME
        ls - list directory contents
...
```

Más detalles acerca de cómo se puede aprovechar al máximo el poder de estos sencillos comandos se tratan más adelante. Pero ahora mismo, tome su caña de pescar - porque está a punto de aprender a pescar.

APRENDA A PESCAR

Saber dónde están los comandos ejecutables y el comando man le puede llevar algo de tiempo. Usted puede aprender a utilizar Linux con este método, pero sería un proceso largo y lento. A menudo, el comando man se utilizará como referencia rápida. Sería casi imposible memorizar todas las opciones para cada comando y no hay necesidad de hacerlo cuando se tiene el comando man a su alcance.

Para obtener ayuda para el comando man escriba la letra h mientras se visualiza una página de manual. Eso le dará una lista de comandos que puede utilizar para navegar o realizar búsquedas. Aquí tiene la versión concisa:

`Enter` - Mueve una línea hacia abajo.

Espacio - Mueve una página hacia abajo.

g - Mover a la parte superior de la página.

G - Mover a la parte inferior de la página.

q - Salir.

Una variable de entorno es un lugar de almacenamiento que tiene un nombre y un valor. El que nos interesa en este momento es PATH. La variable de entorno PATH contiene una lista de directorios que contienen comandos ejecutables. Se puede determinar el valor de Path anteponiendo un signo de dólar ($PATH) y usando el comando echo para mostrar su valor en la pantalla.

```
$ echo $PATH
/bin:/usr/bin:/usr/sbin:/usr/local/bin
```

Cuando escribe en un comando y presiona Enter, esta orden se buscará en los directorios en su $PATH. En este ejemplo, /bin se buscará primero. Si se encuentra el comando se ejecutará. Si no lo encuentra, entonces /usr/bin será buscado y así sucesivamente. Si no se encuentra ningún comando ejecutable que coincide con su solicitud, se le informará amablemente de que no se puede encontrar.

```
$ whatsupdoc
-bash: whatsupdoc: command not found
```

Si usted desea saber exactamente dónde se encuentra un comando puede usar el comando which. Si el programa cat se encuentra en /usr/bin y en /usr/local/bin, el que se ejecute uno u otro depende de su $PATH.

```
$ which cat
/bin/cat
$ which tac
/usr/bin/tac
```

Poniendo todo esto junto, usted puede comenzar a mirar lo que hay en cada directorio en su $PATH y utilizar el comando man para descubrir lo que cada uno de ellos hace y cómo usarlos. Recuerde que para poder salir del comando man debe teclear la letra q.

```
$ echo $PATH
/bin:/usr/bin:/usr/sbin:/usr/local/bin
$ cd /bin
$ ls
awk diff cal cat cp date du echo grep groups less
more
$ man diff
NAME
       diff - compare two files
...
$ cd /usr/bin
$ ls
clear crontab cut dos2unix find kill mv pstree pwd
sed strings touch ...
$ man touch
```

Tenga en cuenta que la salida de los comandos ls anteriores se truncó. En realidad puede haber cientos de comandos en /bin y /usr/bin.

Muchos comandos proporcionarán consejos para usarlos en la línea de comandos. Algunos comandos aceptan la opción-h, otros aceptan --help, y algunos se niegan a darle cualquier ayuda en absoluto.

```
$ cal -h

Usage:
 cal [options] [[[day] month] year]

Options:
 -1, --one      mostrar sólo mes actual (por defecto)
 -3, --three    mostrar mes anterior, actual y
siguiente
 -s, --sunday    Domingo como primer día de la semana
 -m, --monday   Lunes como primer día de la semana
 -j, --julian   fechas julianas
 -y, --year     muestran todo el año en curso
 -V, --version  muestra información de versión y
salir
 -h, --help     muestra este texto de ayuda y salir
```

```
$ diff --help
Usage: diff [OPTION]... FILES
Comparar archivos línea por línea.

  -i  --ignore-case  Ignorar diferencias entre
mayúsculas en el contenido del archivo.
  --ignore-file-name-case  Ignorar mayúsculas al
comparar los nombres de archivos.
...
```

Si no está seguro de qué comando utilizar, usted puede buscar a través de las páginas de manual la PALABRA CLAVE man-k. Desde allí se puede leer la página del manual para el comando o pedirle ayuda con-h o --help.

```
$ man -k calendar
cal        (1)  - mmostrar un calendario
zshcalsys  (1)  - sistema de calendario zsh
```

Para Profundizar

- ExplainShell - Escriba en una línea de comandos para mostrar la ayuda para cada elemento. http://explainshell.com/

- Conseguir ayuda de Linux - Un artículo del Linux Journal sobre el uso de las páginas de manual. www.linuxjournal.com/node/1022962

- LinuxManPages.com - Este sitio web le permite buscar páginas man o navegar por una categoría de comandos y las páginas man.
  http://www.linuxmanpages.com/

- Comandos de Linux, desglosadas por categoría. http://linux.math.tifr.res.in/manuals/categories-index.html

TRABAJANDO CON DIRECTORIOS

Los directorios son simples contenedores para archivos y otros directorios. Proporcionan una estructura tipo árbol para la organización del sistema. Los directorios pueden ser accedidos por su nombre y también se puede acceder a ellos mediante un par de atajos. Linux utiliza los símbolos . y .. para representar los directorios. Piense en . como "este directorio" y .. "el directorio primario."

Symbol	Description
.	Este directorio.
..	El directorio padre.
/	Separador de directorio. Directorios terminan en una barra inclinada y esto se supone a menudo.

El separador de directorio es opcional para el último subdirectorio en un comando o ruta. Por ejemplo, los siguientes comandos funcionan de forma idéntica.

```
$ cd /var/tmp
$ cd /var/tmp/
```

Usar accesos directos puede hacer más fácil la navegación. Por ejemplo, escriba `cd` `..` para ir al directorio que esta justo por encima del directorio actual.

```
$ pwd
/home/bob
$ cd tpsreports
$ pwd
/home/bob/tpsreports
$ cd ..
$ pwd
/home/bob
$ cd ..
$ pwd
/home
$ cd .
$ pwd
/home
```

El comando cd. no le llevó a ninguna parte. Recuerde que . es "este directorio" y .. es "el directorio primario." Otro atajo para navegar por los directorios es `cd` `-`. Este comando le lleva al directorio anterior. La variable de entorno que representa su directorio de trabajo anterior es OLDPWD. Así, `cd` `-` y `cd` $OLDPWD son equivalentes.

```
$ pwd
/home/bob
$ cd /var/tmp
$ pwd
/var/tmp
$ echo $OLDPWD
/home/bob
$ cd -
/home/bob
$
```

¿Cómo ejecutaría un comando que se encuentra en el directorio actual? Suponga que su directorio actual es el directorio inicial. Por defecto el directorio de inicio no está en su $ PATH. Así es cómo debe cómo hacerlo.

```
$ ./program
```

¿Por qué funciona? Bueno, . representa "este directorio", / es el separador de directorio, y program es el programa a ejecutar. Siempre puede usar la ruta completa para ser explícito. Aquí tiene dos formas de ejecutar el programa.

```
$ pwd
/home/bob
$ ./program
$ /home/bob/program
```

Creación y Eliminación de directorios

El comando mkdir se utiliza para crear directorios y el comando rmdir los elimina.

mkdir [-p] directory - Crear un directorio. Utilice la opción -p (primarios) para crear directorios intermedios.

rmdir [-p] directory - Eliminar un directorio. Utilice la opción -p (primarios) para eliminar todos los directorios especificados. rmdir sólo elimina directorios vacíos. Para eliminar directorios y sus contenidos, use rm.

rm -rf directory - elimina recursivamente el directorio y todos los archivos y directorios en dicha estructura de directorios. Utilizar con precaución. No hay ningún contenedor de "basura" para restaurar rápidamente su archivo cuando se utiliza la línea de comandos. Cuando se elimina algo, se elimina para siempre.

```
$ mkdir newdir
$ mkdir newdir/product/reviews
mkdir: Failed to make directory
"newdir/product/reviews"; No such file or directory
$ mkdir -p newdir/product/reviews
$ rmdir newdir
rmdir: directory "newdir": Directory not empty
$ rm -rf newdir
$ ls newdir
ls: newdir: No such file or directory
$ pwd
/home/bob
$ cd ..
$ pwd
/home
```

LISTAR ARCHIVOS Y ENTENDER LA SALIDA LS

Aquí está la salida de un comando `ls` usando la opción `-l`. La opción `-l` le dice a `ls` que muestre la salida en un formato largo. Si usted necesita ver qué archivos o directorios existen, utilice `ls`. Sin embargo, si necesita información detallada use -l.

```
$ ls -l
-rw-rw-r-- 1 bob users 10400 Sep 27 08:52 sales.data
```

En el extremo izquierdo de la salida de ls hay una serie de caracteres que representan los permisos de archivo. El número que sigue a los permisos representa el número de enlaces al archivo. La siguiente parte de la información es el propietario del archivo, seguido por el nombre del grupo. Siguiente se muestra el tamaño del archivo seguido de la fecha y hora en que el archivo fue modificada por última vez. Por último, se muestra el nombre del archivo o directorio. Aquí está la información mostrada por el comando - en forma de tabla.

Artículo	Valor
Permisos	-rw-rw-r--
Número de enlaces	1
Nombre del propietario	bob
Nombre del grupo	users
Número de bytes en el archivo	10400
Última fecha de modificación	Sep 27 08:52
Nombre fichero	sales.data

El significado de -rw-rw-r- se tratará en detalle en el capítulo "Permisos de Archivo y Directorios Explicados."

Listar Todos los Archivos, Incluidos los Ocultos

Los archivos o directorios que comienzan con un punto (.) Se consideran ocultos y no se muestran por defecto. Para mostrar estos archivos y directorios ocultos, utilice la opción —a

```
$ ls -a
.
..
.profile
.bash_history
lecture.mp3
PerfReviews
sales.data
tpsreports
```

Hasta este punto cuando se han utilizado las opciones, a cada opción le a precedido un guión (-). Ejemplos son —l y —a. Las opciones que no tienen argumentos se pueden combinar. Sólo se requiere un guión seguido de las opciones. Si desea mostrar una larga lista de ls con archivos ocultos podría ejecutar `ls -l -a` o `ls -la`. Usted puede incluso cambiar el orden de las banderas, así que `ls -al` funciona también. Todos son equivalentes.

```
$ ls -l
total 2525
-rw-r--r--  1  bob   sales  25628 Sep 27 08:54 lecture.mp3
drwxr-xr-x  3  bob   users  512   Sep 28 09:20 PerfReviews
-rw-r--r--  1  bob   users  10400 Sep 27 08:52 sales.data
drwxr-xr-x  2  bob   users  512   Sep 28 14:49 tpsreports
$ ls -l -a
total 2532
drwxr-xr-x  4  bob   sales  512   Sep 28 14:56 .
drwxr-xr-x  14 root  root   512   Sep 27 08:43 ..
-rw-r--r--  1  bob   users  28    Sep 28 14:22 .profile
-rw-------  1  bob   users  3314  Sep 28 14:56 .bash_history
-rw-r--r--  1  bob   sales  25628 Sep 27 08:54 lecture.mp3
drwxr-xr-x  3  bob   users  512   Sep 28 09:20 PerfReviews
-rw-r--r--  1  bob   users  10400 Sep 27 08:52 sales.data
drwxr-xr-x  2  bob   users  512   Sep 28 14:49 tpsreports
$ ls -la
total 2532
drwxr-xr-x  4  bob   sales  512      Sep 28 14:56 .
drwxr-xr-x  14 root  root   512      Sep 27 08:43 ..
-rw-r--r--  1  bob   users  28       Sep 28 14:22 .profile
-rw-------  1  bob   users  3314     Sep 28 14:56
.bash_history
-rw-r--r--  1  bob   sales  25628 Sep 27 08:54 lecture.mp3
drwxr-xr-x  3  bob   users  512   Sep 28 09:20 PerfReviews
-rw-r--r--  1  bob   users  10400 Sep 27 08:52 sales.data
drwxr-xr-x  2  bob   users  512   Sep 28 14:49 tpsreports
$ ls -al
total 2532
drwxr-xr-x  4  bob   sales  512   Sep 28 14:56 .
drwxr-xr-x  14 root  root   512   Sep 27 08:43 ..
-rw-r--r--  1  bob   users  28    Sep 28 14:22 .profile
-rw-------  1  bob   users  3314  Sep 28 14:56 .bash_history
-rw-r--r--  1  bob   sales  25628 Sep 27 08:54 lecture.mp3
drwxr-xr-x  3  bob   users  512   Sep 28 09:20 PerfReviews
-rw-r--r--  1  bob   users  10400 Sep 27 08:52 sales.data
drwxr-xr-x  2  bob   users  512   Sep 28 14:49 tpsreports
```

Listar Archivos Según su Tipo

Cuando se utiliza la opción -F para ls se añade un carácter al nombre de archivo que revela de qué tipo es.

```
$ ls
dir1 link program regFile
$ ls -F
dir1/ link@ program* regFile
$ ls -lF
total 8
drwxr-xr-x 2 bob users 117 Sep 28 15:31 dir1/
lrwxrwxrwx 1 bob users 7   Sep 28 15:32 link@ -> regFile
-rwxr-xr-x 1 bob users 10  Sep 28 15:31 program*
-rw-r--r-- 1 bob users 750 Sep 28 15:32 regFile
```

Símbolo	Significado
/	Directorio.
@	Link. El archivo que sigue al símbolo -> es el destino del enlace.
*	Programa ejecutable

Un enlace es a veces llamado un enlace symlink, abreviatura de enlace simbólico. Un enlace apunta a la ubicación del archivo o directorio actual. Puede operar en el enlace como si fuera el archivo real o directorio. Los enlaces simbólicos se pueden utilizar para crear accesos directos a los nombres de directorios largos. Otro uso común es tener un symlink a la última versión del software instalado, como en este ejemplo.

```
bob@linuxsvr:~$ cd /opt/apache
bob@linuxsvr:/opt/apache$ ls -F
2.3/ 2.4/ current@
bob@linuxsvr:/opt/apache$ ls -l
drwxr-xr-x 2 root root 4096 Sep 14 12:21 2.3
drwxr-xr-x 2 root root 4096 Nov 27 15:43 2.4
lrwxrwxrwx 1 root root    5 Nov 27 15:43 current -> 2.4
```

Listar Archivos por Tiempo y en Orden Inverso

Si usted desea ordenar la lista `ls` por tiempo, utilice la opción -t.

```
$ ls -t
tpsreports
PerfReviews
lecture.mp3
sales.data
$ ls -lt
total 2532
drwxr-xr-x 2 bob users 512     Sep 28 14:49 tpsreports
drwxr-xr-x 3 bob users 512     Sep 28 09:20 PerfReviews
-rw-r--r-- 1 bob sales 2562856 Sep 27 08:54 lecture.mp3
-rw-r--r-- 1 bob users 10400   Sep 27 08:52 sales.data
```

Cuando usted tiene un directorio que contiene muchos archivos puede ser conveniente ordenarlos por tiempo, pero en orden inverso. Esto pondrá a los últimos archivos modificados en el extremo de la salida `ls`. Los archivos antiguos se muestran en la parte superior de la pantalla, pero los archivos más recientes estarán justo encima de su ventana de comandos.

```
$ ls -latr
total 2532
drwxr-xr-x 14 root root 512    Sep 27 08:43 ..
-rw-r--r-- 1 bob users 10400   Sep 27 08:52 sales.data
-rw-r--r-- 1 bob sales 256285  Sep 27 08:54 lecture.mp3
drwxr-xr-x 3 bob users 512     Sep 28 09:20 PerfReviews
-rw-r--r-- 1 bob users 28      Sep 28 14:22 .profile
drwxr-xr-x 2 bob users 512     Sep 28 14:49 tpsreports
drwxr-xr-x 4 bob sales 512     Sep 28 14:56 .
-rw------- 1 bob users 3340    Sep 28 15:04 .bash_history
```

Listado de Archivos Recursivamente

El uso de la opción -R con ls hace que los archivos y directorios se muestren de forma recursiva.

```
$ ls -R


.:

PerfReviews lecture.mp3 sales.data tpsreports
./PerfReviews:

Fred John old

./PerfReviews/old:
Jane.doc
$
```

También puede utilizar el comando de árbol para mostrarlo de forma más atractiva. Si sólo desea ver la estructura del directorio, utilice tree -d.

tree - Lista el contenido de directorios en un formato de árbol.

tree -d - Lista de directorios solamente.

tree -C - Colorear la salida.

```
$ tree
.
├── PerfReviews
│   ├── Fred
│   ├── John
│   └── old
│       └── Jane.doc
├── sales.data
├── sales-lecture.mp3
└── tpsreports
```

```
2 directories, 6 files
$ tree -d
.
└── PerfReviews
    └── old

2 directories
$
```

Listar Directorios, No Contenido

Normalmente cuando se ejecuta `ls` contra un directorio se muestra el contenido de ese directorio. Si desea asegurarse de que sólo recibe el nombre del directorio, utilice la opción -d.

```
$ ls -l PerfReviews
total 3
-rw-r--r-- 1 bob users  36 Sep 27 08:49 Fred
-rw-r--r-- 1 bob users  36 Sep 28 09:21 John
drwxr-xr-x 2 bob users 512 Sep 27 12:40 old
$ ls -ld PerfReviews
drwxr-xr-x 3 bob users 512 Sep 28 09:20 PerfReviews
$ ls -d PerfReviews
PerfReviews
```

Listado de los archivos en color

Anteriormente ha utilizado `ls  -F` para ayudar a diferenciar los tipos de archivos mediante la adición de un carácter al final de sus nombres en la salida de ls. También puede usar el color para distinguir los tipos de archivos mediante el uso de `ls  --color`.

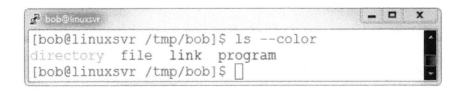

Opciones `ls` más Utilizadas

A continuación, un resumen de las opciones ls que ha aprendido.

Opción	Descripción
`-a`	Todos los archivos, incluyendo los archivos ocultos
`--color`	Lista los archivos con la salida con colores
`-d`	Lista nombres de directorios y no su contenido
`-l`	formato largo
`-r`	Invertir orden
`-R`	Lista de archivos de forma recursiva
`-t`	Ordenar por el tiempo, más recientemente modificado primero

Trabajar con Espacios en Nombres

Si usted desea hacer su vida más fácil cuando trabaja desde la línea de comandos, no utilice espacios en los nombres de archivos y directorios. Los guiones (-) o guiones bajos (_) pueden ser buenos sustitutos de los espacios. CamelCase, la práctica de la capitalización de cada palabra, es otra buena opción. Por ejemplo, en vez de nombrar a su intento literario más reciente "la próxima gran novela americana.txt" podría usar "la-próxima-gran-novela-americana.txt", "la_próxima_gran_novela_americana.txt" o incluso " LaPróximaGranNovelaAmericana.txt."

Tarde o temprano se encontrará con un archivo o directorio que contiene un espacio en el nombre. Hay dos maneras de lidiar con esto. La primera es utilizar comillas. A pesar de que el nombre del archivo es un archivo, opere en él usando " un archivo. " La segunda opción es escapar del espacio. Escapar es como usar comillas, pero para caracteres individuales. El símbolo de escape es \, también conocido como una barra invertida. Para escapar de un espacio, preceda el espacio con la barra invertida (\).

```
$ ls -l
-rw-r--r-- 1 bob users 18 Oct 2 05:03 a file
$ ls -l a file
ls: a: No such file or directory
ls: file: No such file or directory
$ ls -l "a file"
-rw-r--r-- 1 bob users 18 Oct 2 05:03 a file
$ ls -l a\ file
-rw-r--r-- 1 bob users 18 Oct 2 05:03 a file
$ ls -lb a*
-rw-r--r-- 1 bob users 18 Oct 2 05:03 a\ file
$
```

La opción b – hace que ls imprima códigos de escape. Tenga en cuenta que citar y escapar no sólo se aplica a los espacios, si no también con otros caracteres especiales, incluidos | & '; () < > tecla espacio.

Para Profundizar

- Escapar caracteres especiales en Linux y Unix: Con 7 Ejemplos prácticos - un artículo que ofrece una mirada en profundidad sobre escapar. http://linuxg.net/escaping-special-characters-in-linux-and-unix-with-7-practical-examples/

- man bash - Mire la sección "citas" para el manejo de caracteres especiales, incluidos los espacios.

- man ls – Para conocer todas las opciones disponibles para ls vaya a la página de man.

PERMISOS DE ARCHIVOS Y DIRECTORIOS EXPLICADOS

Mirando hacia atrás a los listados largos proporcionados por el comando ls puede ver que el primer bit de información que se muestra es los permisos para el archivo o directorio dado.

```
$ ls -l sales.data
-rw-r--r-- 1 bob users 10400 Sep 27 08:52 sales.data
```

El primer carácter de la cadena de permisos revela el tipo. Por ejemplo, - es un archivo normal, d es un directorio, y 1 es un enlace simbólico. Esos son los tipos más comunes que se encontrará. Para obtener una lista completa, lea la página ls man.

Símbolo	Tipo
–	Fichero Normal
d	Directorio
l	Enlace Simbólico

También se dará cuenta de otros caracteres de la cadena de permisos. Ellos representan los tres principales tipos de permisos que se leen, escriben y ejecutan. Cada uno de ellos está representado por una sola letra, también conocido como un símbolo. Leer está representado por r, escribir por w, y ejecutar por x.

Símbolo	Permiso
r	Leer
w	Escribir
x	Ejecutar

Leer, escribir y ejecutar se explica por sí mismo. Si usted ha leído permisos puede ver el contenido del archivo. Si tiene permisos de escritura puede modificar el archivo. Si tiene permisos de ejecución se puede ejecutar el archivo como un programa. Sin embargo, cuando estos permisos se aplican a los directorios tienen un significado ligeramente diferente que cuando se aplican a los archivos.

Permiso	Significado del Fichero	Siignificado del Directorio
Leer	Allows a file to be read.	Permite que los nombres de archivos en el directorio se lean.
Escribir	Allows a file to be modified.	Permite que las entradas sean modificados en el directorio.
Ejecutar	Allows the execution of a file.	Permite el acceso a contenidos y metadatos para las entradas del directorio.

Hay tres categorías de usuarios a los que estos permisos se pueden aplicar. Estas categorías o clases son usuario, grupo y otros. Al igual que los tipos de permisos, cada conjunto está representado por una sola letra. El usuario que posee el archivo está representado por u, los usuarios que se encuentran en el grupo del archivo están representados por g, y el resto de los usuarios que no poseen el archivo o no están en el grupo del archivo están representados por o. El carácter representa un todo, es decir, usuario, grupo y otros. A pesar de que estos personajes no aparecen en un listado ls, que se puede utilizar para cambiar los permisos.

Símbolo	Categoría
u	Usuario
g	Grupo
o	Otros
a	Todos – usuario, grupos y otros

Cada usuario es miembro de al menos un grupo llamado su grupo principal. Sin embargo, los usuarios pueden y a menudo son miembros de muchos grupos. Los grupos se utilizan para organizar los usuarios en grupos lógicos. Por ejemplo, si los miembros del equipo de ventas necesitan tener acceso a los mismos archivos y directorios que se pueden colocar en el grupo de ventas.

Ejecute el comando `groups` para ver de qué grupos es miembro. Si proporciona otro ID de usuarios como argumento para los grupos de comandos, verá la lista de grupos a los que pertenece el usuario. También puede ejecutar `id -Gn [user]` para obtener el mismo resultado.

```
$ groups
users sales
$ id -Gn
users sales

$ groups pat
users projectx apache
$ groups jill
users sales manager
```

Anillo Decodificador Secreto de Permisos

Ahora usted tiene suficiente información de fondo para empezar a decodificar la cadena de permisos. El primer carácter es el tipo. Los siguientes tres caracteres representan los permisos disponibles para el usuario, también conocido como el propietario del archivo. Los siguientes tres caracteres representan los permisos disponibles para los miembros del grupo del archivo. Los últimos tres caracteres representan los permisos disponibles para todos los demás.

En este caso el orden tiene sentido. Los tipos de permiso serán mostrados para el usuario, seguido por el grupo y, finalmente, por los demás. Además, se muestran los tipos de permisos de lectura, escritura y ejecución en ese orden. Si un determinado permiso no se concede, un guión (-) tomará su lugar.

Esta es una representación gráfica de la información de permisos mostrada por ls -l.

```
Type   Group
  ↙      ↙
-rw-r--r-- 1 bob users 10400 Sep 27 08:52 sales.data
  ↑      ↑
User    Other
```

Si llega a ver a un carácter adicional al final de la cadena de permisos un método alternativo de control de acceso se ha aplicado. Si usted ve un punto (.), El archivo o directorio tiene un contexto de seguridad SELinux (Security Enhanced Linux) que se le aplica. Si ve un signo más (+), las ACLs (listas de control de acceso) están en uso. SELinux y ACLs están más allá del alcance de este libro. Sin embargo, le complacerá saber que el uso de cualquiera de éstos es poco frecuente. Si usted está teniendo problemas con los permisos y nota un carácter adicional en la cadena de permisos, sepa que puede ser necesaria una mayor investigación.

```
$ ls -l sales.data.selnx
-rw-r--r--. 1 bob users 1040 Sep 27 08:52 sales.data.selnx
$ ls -l sales.data.acl
-rw-r--r--+ 1 bob users 1040 Sep 27 08:52 sales.data.acl
```

Cambiar Permisos

Los permisos también se conocen como modos. Es por eso que el comando que se utiliza para cambiar los permisos se llama chmod, abreviatura de "chmod mode file." El formato del comando chmod es el archivo de modo chmod. Hay dos formas de especificar el modo. La primera forma se denomina modo simbólico. El formato de modo simbólico es el chmod user_category operator permission. Aquí tiene una vista en tabla del formato de modo simbólico comando chmod.

Artículo	Significado
`chmod`	El comando de modo de cambio.
`ugoa`	La categoría de usuario. Uno o más de u para el usuario, g para el grupo, o para la otra, una para todos.
`+-=`	Uno de +, -, o =. Utilice + para agregar permisos, - para restar, o = para establecer explícitamente.
`rwx`	Los permisos. Uno o más de r para lectura, w para escritura, y x para ejecutar.

Puede sumar, restar, o establecer permisos mediante la categoría de usuario y permisos de pares. Por ejemplo, si desea agregar el permiso de escritura para los miembros del grupo de un archivo, se especificaría chmod g+ w archivo.

```
$ ls -l sales.data
-rw-r--r-- 1 bob users 10400 Sep 27 08:52 sales.data
$ chmod g+w sales.data
$ ls -l sales.data
-rw-rw-r-- 1 bob users 10400 Sep 27 08:52 sales.data
```

Tenga en cuenta que después de ejecutar chmod `g+w sales.data` la cadena de permisos ha cambiado de '-rw-r--r--' a '-rw-rw-r--'. Recuerde que los permisos se muestran en el orden de usuario, grupo y otros. El permiso de grupo establecido ahora incluye el símbolo w indicando que el permiso de escritura se ha concedido. Ahora el propietario del archivo (bob) y los miembros del grupo (usuarios) pueden leer y escribir en el fichero `sales.data`. Aquí tiene el revés. Así es como se le resta el permiso de escritura.

```
$ ls -l sales.data
-rw-rw-r-- 1 bob users 10400 Sep 27 08:52 sales.data
$ chmod g-w sales.data
$ ls -l sales.data
-rw-r--r-- 1 bob users 10400 Sep 27 08:52 sales.data
```

Usted puede cambiar más de un permiso a la vez. Esta vez los permisos para escribir y ejecutar se agregan para el grupo del archivo.

```
$ ls -l sales.data
-rw-r--r-- 1 bob users 10400 Sep 27 08:52 sales.data
$ chmod g+wx sales.data
$ ls -l sales.data
-rw-rwxr-- 1 bob users 10400 Sep 27 08:52 sales.data
```

Incluso puede establecer permisos en las distintas categorías de usuarios de forma simultánea. Así es cómo se cambian los permisos de usuario y grupo. Tenga en cuenta que antes de ejecutar este comando el usuario ya tiene los permisos de escritura. Utilizando + para agregar permisos no niega los permisos existentes, sólo se suma a ellos.

```
$ ls -l sales.data
-rw-r--r-- 1 bob users 10400 Sep 27 08:52 sales.data
$ chmod ug+wx sales.data
$ ls -l sales.data
-rwxrwxr-- 1 bob users 10400 Sep 27 08:52 sales.data
```

Si desea establecer permisos diferentes para diferentes categorías de usuarios, puede separar las especificaciones con una coma. Puede mezclar y combinar para producir el resultado que desea. He aquí cómo puede especificar rwx para el usuario, mientras que añade x para el grupo.

```
$ ls -l sales.data
-rw-r--r-- 1 bob users 10400 Sep 27 08:52 sales.data
$ chmod u=rwx,g+x sales.data
$ ls -l sales.data
-rwxr-xr-- 1 bob users 10400 Sep 27 08:52 sales.data
```

Si desea establecer el archivo para que sea sólo legible para todos, ejecute `chmod a=r file`. Cuando se utiliza el signo igual (=) el permiso se establece a exactamente lo que usted especifique. Si especifica sólo leer, entonces sólo lectura estará disponible independientemente de los permisos existentes.

```
$ ls -l sales.data
-rw-r--r-- 1 bob users 10400 Sep 27 08:52 sales.data
$ chmod a=r sales.data
$ ls -l sales.data
-r--r--r-- 1 bob users 10400 Sep 27 08:52 sales.data
```

Si no especifica los permisos sigue después del signo igual, se quitan los permisos. He aquí un ejemplo de este comportamiento

```
$ ls -l sales.data
-rw-r--r-- 1 bob users 10400 Sep 27 08:52 sales.data
$ chmod u=rwx,g=rx,o= sales.data
$ ls -l sales.data
-rwxr-x--- 1 bob users 10400 Sep 27 08:52 sales.data
```

Permisos que se Basan en Números

Además del modo simbólico, el modo octal puede utilizarse con `chmod` para establecer los permisos de archivos y directorios . La comprensión de los conceptos detrás del modo simbólico le ayudarán a aprender el modo octal. Sin embargo, una vez que aprenda el modo octal puede encontrar que es incluso más rápido y más fácil de usar que el modo simbólico. Dado que sólo hay unos pocos modos de permisos comunes y prácticos se pueden memorizar y recordar fácilmente.

Los permisos en modo octal se basan en el sistema binario. Cada tipo de permiso es tratado como un bit que está bien ajustado en off - apagado (0) o en on-encendido (1). En permisos, el orden tiene sentido. Los permisos son siempre en orden de lectura, escritura y ejecución. Si r, w y x están todos off, la representación binaria es 000. Si están en on, la representación binaria es 111. Para representar leer y ejecutar permisos mientras omitimos los permisos de escritura, el número binario es 101.

r	w	x	
0	0	0	Valor binario para off
1	1	1	Valor binario para on
r	w	w	
0	0	0	Base 10 valor (decimal) valor para off
4	2	1	Base 10 valor (decimal) valor para on

Para obtener un número que se puede usar con chmod, convierta la representación binaria en base 10 (decimal). El acceso directo aquí es recordar que la lectura es igual a 4, la escritura es igual a 2, y ejecutar es igual a 1. El número de permisos se determina mediante la suma de los valores para cada tipo de permiso. Hay ocho posibles valores de cero a siete, de ahí el nombre de modo octal. Esta tabla muestra las ocho permutaciones posibles.

Octal	Binario	Cadena	Descripción
0	000	---	No hay permisos
1	001	--x	Ejecutar sólo
2	010	-w-	Escriba solamente
3	011	-wx	Escriba y ejecute (2 + 1)
4	100	r--	solo lectura
5	101	r-x	Leer y ejecutar (4 + 1)
6	110	rw-	Leer y escribir (4 + 2)
7	111	rwx	Leer, escribir y ejecutar (4 +2 +1)

De nuevo, con en los permisos el orden tiene significado. Las categorías de usuarios están siempre en el usuario, grupo, y otro orden. Una vez que determina el valor octal para cada categoría se especifican en ese orden. Por ejemplo, para conseguir `-rwxr-xr--`, ejecute `chmod 754 file`. Eso significa que el usuario (propietario) del archivo tiene permiso para de leer, escribir y ejecutar; los miembros del grupo del fichero para leer y ejecutar; y otros tienen permisos de lectura.

	U	G	O
Simbólico	rwx	r-x	r--
Binario	111	101	100
Decimal	7	5	4

Permisos de uso común

Aquí están los permisos de uso más frecuente. Estos cinco permisos le permitirán hacer casi cualquier cosa que usted necesita.

Simbólico	Octal	Uso- Significado
`-rwx------`	700	Asegura que un archivo sólo se puede leer, editar, y ejecutado por el propietario. No hay otros en el sistema que tienen acceso.
`-rwxr-xr-x`	755	Permite que todos puedan ejecutar el archivo, pero sólo el propietario puede editarlo.
`-rw-rw-r--`	664	Permite a un grupo de personas modificar el archivo y dejar que otros lo lean.
`-rw-rw----`	660	Permite a un grupo de personas modificar

Simbólico	Octal	Uso- Significado
-		el archivo y no deja que otros lo lean.
-rw-r--r- -	644	Permite que todos puedan leer el archivo, pero sólo el propietario puede editarlo.

Cuando se encuentre con permisos 777 o 666, pregúntese "¿Hay una mejor manera de hacer esto?" "¿Es necesario que todo el mundo en el sistema tenga permiso de escritura a esto?" Por ejemplo, si un script o programa se establece en 777, entonces nadie en el sistema puede realizar cambios en el guión o programa. Puesto que el bit de ejecución está configurado para todo el mundo, el programa puede ser ejecutado por cualquier persona en el sistema. Si se inserta un código malicioso, ya sea a propósito o por accidente podría causar problemas innecesarios. Si varias personas tienen acceso de escritura a un archivo considere el uso de los grupos y la limitación del acceso de terceras personas. Es una buena práctica evitar el uso de los modos de permiso 777 y 666.

Trabajar con grupos

Si usted trabaja en el equipo de ventas y cada miembro tiene que actualizar el archivo sales.report, configuraría el grupo sales mediante el comando chgrp y luego establecería los permisos a 664 (rw-rw-r--). Incluso puede utilizar permisos 660 (rw-rw---) si desea asegurarse de que sólo los miembros del equipo de ventas pueden leer el informe. Técnicamente los permisos 774 (rwxrwxr--) o 770 (rwxrwx---) también funcionan, pero puesto que sales.report no es un programa ejecutable tiene más sentido usar 664 (rw-rw-r--) o 660 (rw-rw----).

Cuando se crea un archivo su grupo se establece como su grupo primario. Este comportamiento se puede anular con el comando `newgrp`, pero tenga en cuenta que al crear un archivo normalmente hereda el grupo por defecto. En el ejemplo siguiente el grupo primario de Bob es usuarios. Tenga en cuenta que el formato del comando chgrp es `chgrp GROUP FILE`.

```
$ nano sales.report
$ ls -l sales.report
-rw-r--r-- 1 bob users 6 Dec  4 20:41 sales.report
$ chgrp sales sales.report
$ ls -l sales.report
-rw-r--r-- 1 bob sales 6 Dec  4 20:41 sales.report
$ chmod 664 sales.report
$ ls -l sales.report
-rw-rw-r-- 1 bob sales 6 Dec  4 20:41 sales.report
```

En lugar de guardar los archivos en los directorios personales de varios miembros del equipo, es más fácil mantenerlos en un lugar dedicado al equipo. Por ejemplo, usted podría pedir al administrador del sistema del servidor crear un directorio `/usr/local/sales`. El grupo debe establecerse en ventas y los permisos se deben establecer en `775` (`rwxrwxr-x`) o `770` (`rwxrwx---`). Use `770` (`rwxrwx---`) si nadie fuera del equipo de ventas tiene acceso a todos los archivos, directorios o programas ubicados en `/usr/local/sales`.

```
$ ls -ld /usr/local/sales
drwxrwxr-x 2 root sales 4096 Dec  4 20:53
/usr/local/sales
$ mv sales.report /usr/local/sales/
$ ls -l /usr/local/sales
total 4
-rw-rw-r-- 1 bob sales 6 Dec  4 20:41 sales.report
```

Permisos de Directorios

Este ejemplo demuestra cómo los permisos afectan los directorios y sus contenidos. Un problema común es tener los permisos adecuados establecidos en un archivo dentro de un directorio y tener los permisos incorrectos en el propio directorio. No tener los permisos correctos en un directorio puede impedir la ejecución del archivo, por ejemplo. Si está seguro de que los permisos de un archivo se han establecido correctamente, examine el directorio padre. Vaya hacia la raíz del árbol de directorios ejecutando ls -ld . en el directorio actual, avanzando al directorio padre con cd .., y la repetición de esos dos pasos hasta encontrar el problema.

```
$ ls -dl directory/
drwxr-xr-x 2 bob users 4096 Sep 29 22:02 directory/
$ ls -l directory/
total 0
-rwxr--r-- 1 bob users    0 Sep 29 22:02 testprog
$ chmod 400 directory
$ ls -dl directory/
dr-------- 2 bob users 4096 Sep 29 22:02 directory/
$ ls -l directory/
ls: cannot access directory/testprog: Permission
denied
total 0
-????????? ? ? ? ?              ? testprog
$ directory/testprog
-su: directory/testprog: Permission denied
$ chmod 500 directory/
$ ls -dl directory/
dr-x------ 2 bob users 4096 Sep 29 22:02 directory/
$ ls -l directory/
total 0
-rwxr--r-- 1 bob users 0    Sep 29 22:02 testprog
$ directory/testprog
This program ran successfully.
```

Permisos predeterminados y la Máscara de Creación de Archivos

La máscara de creación de archivos es lo que determina los permisos asignados a un archivo tras su creación. Esta máscara restringe los permisos o máscaras, determinando así el último permiso de un archivo o directorio. Si no hubiera máscara los directorios presentes se crearían con permisos 777 (rwxrwxrwx) y los archivos se crearían con permisos 666 (rw- rw- rw-). La máscara puede y normalmente se establece por el administrador del sistema, pero se puede anular en función de cada cuenta mediante la inclusión de una declaración umask en los archivos de inicialización personales.

umask [-S] [mode] - Establece la máscara de creación de archivos en modo si se especifica. Si se omite el modo, se mostrará el modo actual. Usando el argumento- S permite a umask mostrar o establecer el modo de notación simbólica.

El modo suministrado a umask obras en funciona de forma opuesta al modo dado a chmod. Cuando usted suministra 7 a chmod, que se interpreta en el sentido de todos los permisos en o rwx. Cuando usted suministra 7 a umask, se interpreta en el sentido de todos los permisos off o ---. Piense en chmod como encender, agregar o dar permisos. Piense en umask como apagar, restar, o quitar permisos.

Una forma sencilla de determinar que es lo que un modo de máscara U hará a los permisos por defecto es restar el modo umask octal de 777 en el caso de los directorios y de 666 en el caso de los archivos. He aquí un ejemplo de un umask 022 que suele ser el umask por defecto usado por las distribuciones de Linux o fijado por los administradores del sistema.

```
                     Dir    File
Base Permission      777     666
Minus Umask         -022    -022
                    ----    ----
Creation Permission  755     644
```

El uso de un umask de 002 es ideal para trabajar con los miembros de su grupo. Usted verá que cuando se crean archivos o directorios los permisos permiten a los miembros del grupo manipular los archivos y directorios.

```
                    Dir     File
Base Permission     777      666
Minus Umask        -002     -002
                   ----     ----
Creation Permission 775      664
```

Aquí tiene otro posible umask a utilizar para trabajar con los miembros de su grupo. Utilice 007 para que no se concedan permisos a los usuarios fuera del grupo.

```
                    Dir     File
Base Permission     777      666
Minus Umask        -007     -007
                   ----     ----
Creation Permission 770      660 *
```

Una vez más, el uso de este método de sustracción octal es una buena estimación. Se puede ver que el método se descompone con el modo umask 007. En realidad, para obtener un resultado preciso cada vez necesita convertir los permisos octales en valores binarios. A partir de ahí se utiliza una operación NO bit a bit en el modo de umask y luego realizar una operación AND bit a bit en contra de eso y los permisos de base.

Está bien para por alto las sutilezas, ya que hay sólo unos pocos modos de umask prácticos para utilizar. Son 022, 002, 077, y 007. Ahorrése la tarea matemática binaria y eche un vistazo a la siguiente tabla que contiene todos los permisos resultantes creados por cada una de las ocho permutaciones de máscara.

Octal	Binario	Dir Permiso	File Permiso
0	000	rwx	rw-
1	001	rw-	rw-
2	010	r-x	r--
3	011	r--	r--
4	100	-wx	-w-
5	101	-w-	-w-
6	110	--x	---
7	111	---	---

Modos Especiales

Mire esta salida de umask cuando la máscara está establecida en 022.

```
$ umask
0022
```

Usted notará un 0 adicional. Hasta ahora sólo ha estado tratando con tres caracteres que representan los permisos de usuario, grupo y otros. Hay una clase de modos especiales. Estos modos son setuid, setgid y sticky. Sepan que estos modos especiales se declaran anteponiendo un carácter para el modo octal que utiliza normalmente con umask o chmod. El punto importante aquí es saber que umask 0022 es el mismo que el umask 022. Además, chmod 644 es el mismo que chmod 0644.

A pesar de que los modos especiales no se tratarán en este libro, aquí están para su referencia. Hay enlaces al final de este capítulo para que pueda aprender más acerca de estos modos, si desea.

permisos setuid - Permite que un proceso se ejecute como el

propietario del archivo, no el usuario que lo ejecuta.+

permiso setgid - Permite que un proceso se ejecute con el grupo del archivo, no el grupo del usuario que lo ejecuta.

sticky bit - Evita que un usuario elimine archivos de otro usuario, incluso si normalmente tendría permiso para hacerlo.

Ejemplos umask

Éstos son dos ejemplos de los modos de los efectos de umask archivados y la creación de directorios.

```
$ umask
0022
$ umask -S
u=rwx,g=rx,o=rx
$ mkdir a-dir
$ touch a-file
$ ls -l
total 4
drwxr-xr-x 2 bob users 4096 Dec  5 00:03 a-dir
-rw-r--r-- 1 bob users    0 Dec  5 00:03 a-file
$ rmdir a-dir
$ rm a-file
$ umask 007
$ umask
0007
$ umask -S
u=rwx,g=rwx,o=
$ mkdir a-dir
$ touch a-file
$ ls -l
total 4
drwxrwx--- 2 bob users 4096 Dec  5 00:04 a-dir
-rw-rw---- 1 bob users    0 Dec  5 00:04 a-file
```

Para Profundizar

- Binary System Number - Sólo hay 10 tipos de personas en el mundo : los que entienden binario y los que no lo hacen. http://mathsisfun.com/binary-number-system.html

- Cada Posible modo Umask - Un artículo que enumera todos los modos umask posible. http://linuxtrainingacademy.com/all-umasks

- Modos - Información detallada permiso. https://en.wikipedia.org/wiki/Modes_ (Unix)

- SELinux - La página oficial del proyecto SELinux. http://selinuxproject.org/

- Permisos de archivos especiales - Un artículo que describe setuid, setgid y el bit sticky. http://docs.oracle.com/cd/E19683-01/806-4078/secfiles-69

- Ubuntu ACL Documentación - Esto se aplica no sólo a Ubuntu, pero para otras distribuciones de Linux también. http://help.ubuntu.com/community/FilePermissionsACLs

BÚSQUEDA DE ARCHIVOS

Si alguna vez tiene que buscar un archivo o directorio puede utilizar el comando find. Se puede utilizar para buscar archivos por nombre, tamaño, permisos, propietario, fecha de modificación, y más.

find [path...] [expression] - encuentra recurrentemente archivos en ruta que coincidan con la expresión. Si no se proporcionan argumentos encuentra todos los archivos en el directorio actual.

```
$ find
.
./.profile
./.bash_history
./PerfReviews
./PerfReviews/Fred
./PerfReviews/current
./PerfReviews/current/tps-violations.log
./PerfReviews/John
./sales.data
...
```

He aquí algunas formas útiles de utilizar el comando find.

encontrar. - nombre del patrón - Muestra los archivos cuyo nombre coincida con el patrón. Esta es sensible a mayúsculas.

`find . -iname pattern` - Igual que `-name`, pero no tiene en cuenta el caso.

`find . -ls` - Realiza un ls en cada uno de los archivos o directorios que se encuentran.

`find . -mtime num_days` - Encuentra archivos que tienen num_days días de antiguedad.

`find . -size num` -- Encuentra archivos que son de tamaño num.

`find . -newer file` - Encuentra archivos que son más recientes que el archivo.

`find . -exec command {} \;` - Ejecuta comando en contra de todos los archivos que se encuentran.

Veamos algunos ejemplos. Digamos que usted está buscando un archivo o directorio llamado "apache ". ¿Cree que está en /opt en algún lugar y no está muy seguros de si se trata de "Apache " o "apache ". Usted puede proporcionar encontrar con el camino de /opt, use `-iname` para ignorar caso, y busque "apache."

```
$ find /opt -iname apache
/opt/web/Apache
```

Para encontrar todos los archivos en /usr/local que terminan en "conf ", puede utilizar este comando.

```
$ find /usr/local -name *conf
/usr/local/etc/dhcpd.conf
/usr/local/etc/httpd.conf
```

Si usted está buscando archivos que tienen más de 10 días de antiguedad, pero menos de 13 días en el directorio actual se puede utilizar este comando.

```
$ find . -mtime +10 -mtime -13
././.profile
./PerfReviews
./PerfReviews/John
./tpsreports
./tpsreports/coversheet.doc
```

Encuentre los archivos que comienzan con una "s", y realiza un ls en ellos.

```
$ find . -name "s*" -ls
52  11 -rw-r--r-- 1 bob users 1040 Sep 27 08:52 ./sales.data
48   1 -rw-r--r-- 1 bob users   35 Sep 27 08:47 ./demos/sr.txt
53 112 -rw-r--r-- 1 bob sales  266 Sep 27 08:54 ./salesdemo.mp3
```

El argumento -size para encontrar necesita un número seguido de una letra que representa la unidad de espacio. Las opciones válidas son:

c para bytes

k para kilobytes (unidades de 1024 bytes)

M para megabytes (unidades de 1048576 bytes)

G para gigabytes (unidades de 1,073,741,824 bytes)

He aquí un ejemplo de cómo encontrar archivos de más de 300 megabytes.

```
$ find . -size +300M
./PerfReviews/current/tps-violations.log
```

Aquí es cómo encontrar los directorios que son más recientes que un archivo determinado. En este caso está buscando los directorios que son más recientes que "b.txt."

```
$ find . -type d -newer b.txt
./PerfReviews
./PerfReviews/current
./tpsreports
```

En algunas ocasiones es posible que desee ejecutar un comando con una lista de archivos. Puede utilizar el comando find con la opción-exec para hacer este tipo de cosas. Use un par de paréntesis ({}) para que actúen como un marcador de posición para el archivo actual que se está procesando. El comando se termina con el carácter punto y coma (;). Necesita ya sea escapar o citar el punto y coma como así ';' o así \ ;. Si desea ejecutar el archivo comando `file FILE_NAME` en todos los archivos del directorio actual utilizaría el siguiente comando.

```
$ find . -exec file {} \;
.: directory
./.profile: ASCII text
./.bash_history: ASCII text
./PerfReviews: directory
./PerfReviews/Fred: directory
./PerfReviews/current: directory
./PerfReviews/current/tps-violations.log: ASCII text
./PerformanceReviews/John: empty
./sales.data: data
```

Como se puede ver find es una herramienta muy potente y tiene aún más características de lo que ha visto hasta ahora. Eche un vistazo a la página del manual o consulte los enlaces al final de este capítulo.

Localizar - Una búsqueda rápida

Cada vez que se ejecuta el comando find se evalúa cada archivo y devuelve la respuesta apropiada. Este puede ser un proceso lento a veces. Por ejemplo, si usted está buscando un archivo en el sistema y no puede limitar su ubicación a un subdirectorio debe ejecutar find / - name algo. Este comando examina cada archivo en el sistema. Si conoce el nombre del archivo o al menos parte de su nombre y sólo quiere saber dónde se encuentra, el comando locate es la herramienta adecuada para ese trabajo.

locate Patrón - Listar archivos que corresponden a ese patrón.

Una vez al día todos los archivos en el sistema son indexados por un proceso llamado updatedb. Al ejecutar locate simplemente esta consultando el índice o base de datos creada por updatedb y sin mirar a cada archivo en el sistema. Esto es muy, muy rápido. El lado negativo es que los datos no son en tiempo real. Si usted está tratando de encontrar un archivo que se creó hace sólo unos minutos, lo más probable es que aún no esté indexado y locate no lo encontrará. También, locate potencialmente puede devolver un archivo que coincida con su búsqueda, pero el archivo puede haber sido eliminado del sistema ya que el índice ha sido actualizado. En algunos servidores locate no está instalado o habilitado, así que su única opción puede ser utilizar a find.

Esto es lo que aparece cuando locate está desactivado.

```
$ locate bob
locate: /var/locatedb: No such file or directory
```

Si está habilitada obtendrá una rápida respuesta a sus consultas. Tenga en cuenta que no necesita saber el nombre completo del archivo, con sólo una parte será suficiente.

```
$ locate tpsrep
/home/bob/tpsreports
/home/bob/tpsreports/coversheet.doc
/home/bob/tpsreports/sales-report.txt
```

Para Profundizar

- Buscar - documentación de Ubuntu en el comando find.
  https://help.ubuntu.com/community/find

- Localice - Un artículo sobre el comando locate.
  http://www.linfo.org/locate.html

- El archivo / etc / passwd - Un artículo en el archivo /etc/passwd.
  http://www.linfo.org/etc_passwd.html

VER Y EDITAR ARCHIVOS

Estos son algunos comandos simples que muestran el contenido de los archivos a la pantalla.

`cat archivo` - Mostrar todo el contenido del archivo.

`more archivo` - Navegar a través de un archivo de texto. Pulse la barra espaciadora para pasar a la página siguiente. Pulse Enter para pasar a la siguiente línea. Escriba q para salir de la visualización del archivo. Los comandos se basan en el editor vi, que está cubierto en la sección siguiente.

`less archivo` - Como más pero permite el movimiento hacia atrás y hacia patrones búsquedas.

`head archivo` - extrae el principio (o parte superior) del archivo.

`tail archivo` - extrae el final (o parte inferior) del archivo.

Así es como se puede examinar un archivo con el nombre archivo.txt
con los comandos `cat`, `tail`, y `more`

```
$ cat file.txt
Esta es la primera línea.
Esta es la segunda.
Aquí es un poco de texto más interesante.
Knock Knock.
¿Quién está ahí?
Más texto de relleno.
El zorro marrón rápido salta sobre el perro perezoso.
El perro era bastante vago.
Las rosas son rojas,
Las violetas son azules.
Por último, los días 11 y último verso.
$ head file.txt
Esta es la primera línea.
Esta es la segunda.
Aquí es un poco de texto más interesante.
Knock Knock.
¿Quién está ahí?
Más texto de relleno.
El zorro marrón rápido salta sobre el perro perezoso.
El perro era bastante vago.
Las rosas son rojas,
Las violetas son azules.
$ tail file.txt
Esta es la segunda.
Aquí es un poco de texto más interesante.
Knock Knock.
¿Quién está ahí?
Más texto de relleno.
El zorro marrón rápido salta sobre el perro perezoso.
El perro era bastante vago.
Las rosas son rojas,
Las violetas son azules.
Por último, los días 11 y último verso.
$ more file.txt
Esta es la primera línea.
Esta es la segunda.
Aquí es un poco de texto más interesante.
Knock Knock.
...
```

Por defecto la cabeza y la cola sólo se muestran diez líneas. Puede anular este comportamiento y mostrar un número determinado de líneas. El formato es -n donde n es el número de líneas que desea mostrar. Si sólo desea mostrar la primera línea de archivo utilice `head -1 file`. ¿Desea mostrar las últimas tres líneas? Ejecute `tail -3 file`.

```
$ head -2 file.txt
Esta es la primera línea.
Esta es la segunda.
$ tail -1 file.txt
Por último, los días 11 y último verso.
$
```

Visualización de archivos en tiempo real

El uso de `cat` puede ser una buena manera de ver los archivos que tienen contenido bastante estático. Sin embargo, si está tratando de mantenerse al día con los cambios que se están realizando en tiempo real en un archivo, `cat` no es la mejor opción. Un buen ejemplo de los archivos que cambian a menudo y rápidamente se encuentran los archivos de registro. Por ejemplo, puede que tenga que iniciar un programa y ver el archivo de registro de ese programa para ver lo que está haciendo. Para este caso, utilice el comando `tail -f file`.

`tail -f file` - Siga el archivo. Muestra de datos a medida que se escribe en el archivo.

```
$ tail -f /opt/app/var/log.txt
Oct 10 16:41:17 app: [ID 107833 user.info] Processing
request 7680687
Oct 10 16:42:28 app: [ID 107833 user.err] User pat
denied access to admin functions
...
```

Edición de archivos

Nano

Si tiene que editar un archivo en este momento y no quiere pasar mucho tiempo aprendiendo comandos del editor, utilice nano. Nano es un clon de pico, así que si por alguna razón el comando nano no está disponible, pico probablemente lo está. No es tan potente como algunos otros editores, pero definitivamente es más fácil de aprender.

Al iniciar nano podrá ver el contenido del archivo y una lista de comandos en la parte inferior de la pantalla. Para ejecutar los comandos, reemplace el símbolo de intercalación (^) con la tecla Ctrl. Por ejemplo, para salir de tipo nano Ctrl- x.

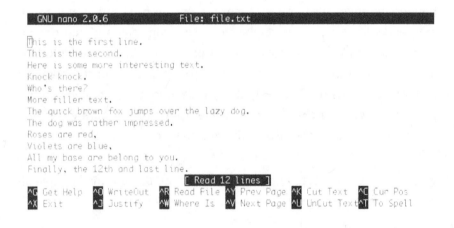

Editar en nano es bastante fácil. Las teclas arriba y abajo de dirección le llevará a las líneas anteriores o siguientes como se esperaba. Las teclas de la derecha y la izquierda le permiten navegar hacia adelante y hacia atrás en la misma línea. Simplemente escriba el texto deseado en el editor. Para guardar el archivo, escriba Ctrl -o. Si se olvida de guardar el archivo antes de salir, nano le preguntará si desea guardar el archivo. Para obtener más información pulse Ctrl- g para obtener ayuda.

Vi

Mientras nano es ideal para ediciones sencillas, vi y emacs tienen características más avanzadas y potentes. Hay una curva de aprendizaje para el uso de estos editores, ya que no son exactamente intuitivos. Hará falta un poco de una inversión de tiempo para alcanzar la competencia. Vamos a empezar por vi.

vi [file] - - Editar archivo.

vim [file] - Igual que vi, pero con más características.

view [file] - Inicia vim en modo de sólo lectura. Utilice esta vista cuando se desea examinar un archivo pero sin hacer ningún cambio.

Vim es sinónimo de "Vi IMproved." Es compatible con los comandos que se encuentran en vi. Algunas de las características adicionales de vim incluyen resaltado de sintaxis, la posibilidad de editar archivos en la red, multi - nivel de deshacer / rehacer, y la división de pantalla. En muchas distribuciones de Linux cuando se invoca vi, en realidad se está ejecutando vim.

Una ventaja de conocer VI es que vi o una variante VI como vim está siempre disponible en el sistema. Otra ventaja es que una vez que aprenda las asignaciones de teclas de vi se pueden aplicar a otros comandos, como man, more, less, view, e incluso shell.

Vi Modos

Modo de comando

Vi tiene el concepto de modos. Siempre está trabajando en uno de tres modos : el modo comando, modo de inserción, o modo de línea. Cuando vi comienza usted es colocado en el modo de comando. Para volver al modo de comando en cualquier momento pulse la tecla de escape (Esc). Las letras escritas durante el modo de comando no se envían al archivo, son más bien interpretadas como comandos. El modo de comando le permite navegar por el archivo, realizar búsquedas, eliminar texto, copiar texto y pegar texto.

Estas son algunas de las asociaciones de teclas de uso común para la navegación.

k - Una línea hacia arriba.

j - Bajar una línea

h - Un carácter a la izquierda.

l - Un carácter a la derecha.

w - Una palabra a la izquierda.

b - Una palabra a la derecha.

^ - Ir al principio de la línea.

$ - Ir al final de la línea.

Tenga en cuenta que los comandos distinguen entre mayúsculas y minúsculas. Por ejemplo, si desea mover una línea hacia abajo, escriba la j minúscula. La J mayúscula une líneas. El editor vi original no empleó el uso de las teclas de flecha, sin embargo vim lo hace, así que puede encontrar que puede utilizar las teclas de flecha en su sistema. Las ventajas del aprendizaje de las asociaciones de teclas originales son 1) que siempre funcionan y 2) es más rápido ya que la mano no tiene que salir de la fila central.

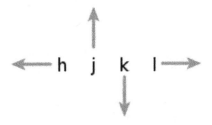

Modo de inserción

Para entrar en el modo de inserción, pulse una de las teclas siguientes.

i - Introducir en la posición del cursor.

I - insertar al principio de la línea.

a - Anexar después de la posición del cursor.

A - Anexar al final de la línea.

Después de entrar en el modo de inserción, escriba el texto que desee. Cuando haya terminado, escriba Esc para volver al modo de comando.

Modo de línea

Para entrar en el modo de línea debe iniciar desde el modo comando y escribir dos puntos (:). Si se encuentra en modo de inserción, escriba Esc para volver al modo comando y, a continuación, escriba dos puntos para el modo de línea. Estas son algunas de los comandos de línea de más comunes que deb de saber.

: w - Escribe (guarda) el archivo.

: w ! - Obliga a que el archivo se guare incluso si el permiso de escritura no se ha establecido. Esto sólo funciona en archivos de su propiedad.

: q - Salir. Esto sólo funciona si no ha habido ninguna modificación en el archivo.

: q ! - Salir sin guardar los cambios realizados en el archivo.

: wq ! - Escribir y parar. Después de modificar un archivo este comando asegura que se guarda y se cierra vi.

: x - Igual que : wq.

: n - Posiciona el cursor en la línea n. Por ejemplo, : 5 colocará el cursor en la quinta línea del archivo.

: $ - Posiciona el cursor en la última línea del archivo.

: set nu - Encienda la numeración de líneas.

:set nonu - Apague la numeración de líneas.

:help [subcommand] - Obtenga ayuda. Si desea más información sobre: :w escriba :help :w.

Modo	Clave	Descripción
Comando	Esc	Se usa para navegar, buscar, y copiar / pegar.
Insertar	i I a A	También llamado modo texto. Permite que el texto se inserte en el archivo.
Linea	:	También se llama modo de línea de comandos. Guarde el archivo y salga de vi, reemplazar texto y realizar algunas tareas de navegación.

Aquí tiene una captura de pantalla de vim. Las tildes (~) representan a las líneas más allá del final del archivo.

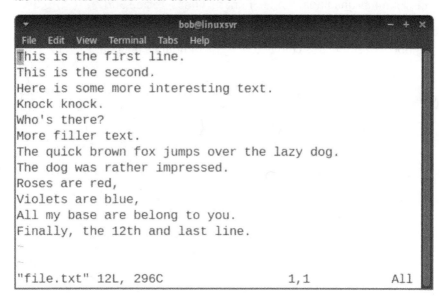

Edición avanzada con vi

Puede repetir comandos en vi precediéndolos con un número. Por ejemplo, si desea mover el cursor hasta 5 líneas escriba 5k. Si desea insertar un fragmento de texto 80 veces, escriba 80i y empiece a introducir el texto. Una vez que llegue Esc para volver al modo comando el texto que escribió se repetirá 80 veces. Si usted desea hacer una línea de asteriscos, podría escribir 80i * Esc. ¿Puede ver cómo vi es más poderoso que un editor nano ?

Eliminación de Texto

x - Borrar un carácter.

dw - Eliminar una palabra. Para borrar cinco palabras, teclee D5W. El concepto de repetición en vi aparece en muchos lugares.

dd - Eliminar una línea. Para eliminar 3 líneas, teclee 3dd.

D - Borra desde la posición actual hasta el final de la línea.

Modificación del texto

r - Sustituir el carácter actual.

cw - Cambiar la palabra actual.

cc - Cambie la línea actual.

c $ - Cambie el texto desde la posición actual hasta el final de la línea.

C - Igual que c $.

~ - Invierte el tamaño de un carácter.

Copiar y pegar

yy - Yank (copia) la línea actual.

y <position> - Yank la <position>. Por ejemplo, dar un tirón a un tipo de palabra teclee yw. Para dar un tirón a tres palabras teclee `y3w`.

p - Pegue el texto borrado o extraído más reciente.

Deshacer / Rehacer

u - Deshacer.

Ctrl -r - Rehacer.

Búsqueda

/ <pattern> - Empezar una búsqueda hacia adelante para <pattern>.

? <pattern> - Empezar una búsqueda inversa para <pattern>.

Emacs

Emacs es otro potente editor. Algunas personas realmente se ven atraídos por vi mientras que otros disfrutan a fondo usando emacs. Es un poco de rivalidad en el mundo de Linux, en realidad. Experimente con emacs y vi para ver cuál funciona para usted. No se puede hacer una mala elección, ya que son dos grandes editores.

`emacs [file]` - Editar archivo.

Al leer la documentación emacs sepa que C- <char> significa mantener pulsada la tecla Ctrl mientras pulsa <char>. Por ejemplo, Ch significa mantener pulsada la tecla Ctrl mientras pulsa la tecla h. Si ve C-h t, eso significa mantener pulsada la tecla Ctrl mientras pulsa la tecla h, suelte la tecla Ctrl y, a continuación, escriba la letra t.

Cuando vea M- <char>, eso significa mantener pulsada la tecla "meta ", que es la tecla Alt mientras presiona <char>. También puede sustituir la tecla Esc por la tecla Alt. Así M-f se traduce en mantener presionada la tecla Alt y pulsar f o pulsar y soltar Esc seguido de la tecla f. Es posible que necesite usar Esc para la tecla meta puesto que Alt puede ser interceptada por el programa de terminal, por ejemplo. Si desea simplificar las cosas, siempre use Esc para la tecla meta, ya que trabajará en todas las situaciones.

Aquí tiene algunos comandos emacs útiles.

C- h - help.

C-x C-c -Salir. Mientras mantiene pulsada la tecla Ctrl pulse x, mantenga pulsado Ctrl y pulse c.

C- x C- s - Guarde el archivo.

C- h t - Emacs tiene un buen tutorial incorporado.

C- h k <key> - Describir clave. Utilice esta opción para obtener ayuda sobre un comando de teclado específico o combinación de teclas.

Navegar

C -p - Línea anterior.

C -n - Siguiente line.

C -b - Retroceder un carácter.

C -f - Avanzar un carácter.

M -f - Avanzar una palabra.

M -b – Retroceder una palabra.

C -a - Vaya al principio de la línea.

C -e - Vaya al final de la línea.

M - < - Ir al principio del archivo.

M - > - Ir a la final del archivo.

Eliminación de Texto

C- d - Borrar un carácter.

M- d - Eliminar una palabra.

Copiar y pegar

C-k - Mata (cortar) el resto de la línea de texto actual. Para cortar a toda la línea, coloque el cursor al principio de la línea.

C-y - Yank (o pegar) en el texto previamente cortado.

C- x u - Deshacer. Repita para deshacer multinivel.

Búsqueda

C- s - Empezar una búsqueda hacia adelante. Escriba el texto que busca. Pulse C - s de nuevo para pasar a la siguiente aparición. Pulse Aceptar cuando haya terminado la búsqueda.

C -r - Empezar una búsqueda hacia atrás.

Repitiendo

Como vi, los emacs proporciona una manera de repetir un comando.

C -u N <comando> - Repetir <comando> N veces.

Por ejemplo, para matar tres líneas de texto teclee Ctrl -U 3 Ctrl- k.

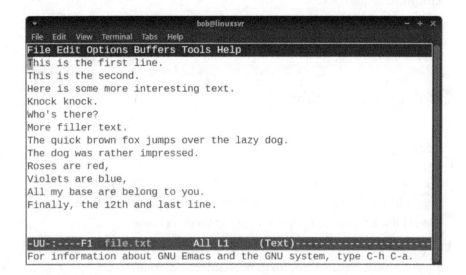

Sólo hemos arañado la superficie de los editores vi y emacs. Hay mucho más por aprender si está interesado. Ambos editores tienen características que incluyen macros, reemplace mundial, y más. Se han escrito libros enteros sobre cada uno de los estos editores.

Editores gráficos

Hasta ahora usted ha aprendido sobre los editores de línea de comandos que se pueden usar cuando se conecta a un servidor a través de ssh. Sin embargo, si está ejecutando Linux como un sistema operativo de escritorio podría ser interesante ver algunos editores de texto gráficos y procesadores de texto. Éstos son algunos:

emacs - Emacs también tiene un modo gráfico.

gedit - El editor de texto por defecto para el entorno de escritorio Gnome.

gvim - La versión gráfica de vim.

kedit - El editor de texto por defecto para el entorno de escritorio KDE.

Si usted está buscando reemplazar Microsoft Word, considere AbiWord o LibreOffice. LibreOffice no sólo incluye un procesador de texto, pero es una suite ofimática completa con un programa de hoja de cálculo, una base de datos y software de presentación.

Si está buscando un editor de código fuente para ayudar en la programación de computadoras, considere Geany, jEdit o Kate. Sublime Text es otra opción. Es un producto comercial que se ejecuta en Windows, Mac y Linux.

Especificar un Editor Predeterminado

Algunos comandos se basan en la variable de entorno $EDITOR para decirles qué programa utilizar para la edición. Siendo el propósito principal de cron programar los trabajos, se delega la tarea de edición de archivos a otro programa. El comando `crontab -e` invoca el editor especificado por la variable de entorno $EDITOR. Puede configurar $EDITOR en los archivos de inicialización personales para asegurar que utiliza su editor favorito, ya sea nano, emacs, vi, u otro.

```
$ echo $EDITOR
vi
```

Para Profundizar

- Cómo Usar Emacs - Un tutorial de Emacs.
  http://help.ubuntu.com/community/EmacsHowto
- Tutorial Emacs incorporado - Inicie emacs y teclee Ctrl -h t.
- La guía del principiante a Nano
  http://www.howtogeek.com/howto/42980/
- Tutorial vi
  https://www.washington.edu/computing/unix/vi.html
- vimtutor - Ejecutar vimtutor desde la línea de comandos se inicia el tutorial de vim.
- Bienvenido de nuevo a Shell - Los comandos más y menos son llamados localizadores, ya que le permiten a la página a través de un archivo. Usted aprenderá más sobre ellos en el capítulo "Welcome Back to Shell".

COMPARAR ARCHIVOS

Si desea comparar dos archivos y mostrar las diferencias puede usar diff, sdiff o vimdiff.

`diff file1 file2` - Compara dos archivos.

`vimdiff file1 file2` - Compara dos archivos lado a lado.

`vimdiff file1 file2` - Destacar las diferencias entre dos archivos en el editor vim.

```
$ cat secret
site: facebook.com
user: bob
pass: Abee!
$ cat secret.bak
site: facebook.com
user: bob
pass: bee
$ diff secret secret.bak
3c3
< pass: Abee!
---
> pass: bee
$ sdiff secret secret.bak
site: facebook.com        site: facebook.com
```

```
user: bob               user: bob
pass: Abee!           | pass: bee
```

En la salida de diff, el texto que sigue al signo menor que (<) pertenece al primer archivo. El texto que sigue al signo de mayor que (>) pertenece al segundo archivo. La primera línea de la salida diff proporciona información adicional. El primer número representa los números de línea desde el primer archivo y el segundo número representa las líneas del segundo archivo. El carácter del medio que separa los números de línea será una c que significa el cambio, una d que significa borrar, o una a que significa una adición. En este ejemplo, la tercera línea del primer archivo se cambia de " pass: Abee!" a el texto en la tercera línea en el segundo archivo que es " pass: bee. "

En la salida sdiff la barra vertical (|) significa que el texto difiere en los archivos de esa línea. También verá el signo menor que (<) lo que significa que la línea sólo existe en el primer archivo. El signo mayor que (>) significa que la línea sólo existe en el segundo archivo.

Aquí tiene una captura de pantalla de s `vimdiff secret secret.bak` demostrando cómo se resaltan los cambios usando colores.

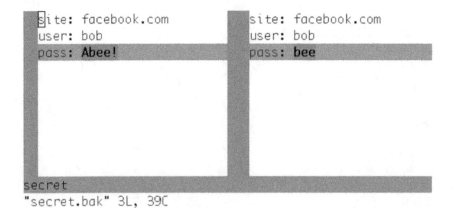

```
site: facebook.com        site: facebook.com
user: bob                 user: bob
pass: Abee!               pass: bee




secret
"secret.bak" 3L, 39C
```

LA DETERMINACIÓN DE UN TIPO DE ARCHIVO

Hay pistas sobre lo que un archivo pueda contener. Por ejemplo, algunos archivos tienen extensiones. Si un archivo termina en. Txt, es probable que sea un archivo de texto. Si un archivo tiene permisos de ejecución, podría ser un programa. Una forma sencilla de determinar el tipo de archivo es ejecutar el comando de archivo en su contra.

file file - Muestra el tipo de archivo.

```
$ file /etc/passwd
/etc/passwd: ASCII text
$ file *
bin: directory
bob.tar: POSIX tar archive
test.data: data
test.txt: ASCII English text
email-reports.sh: Bourne-Again shell script, ASCII
text executable
```

Buscar texto en archivos ASCII

Si está buscando un texto dentro de un archivo, utilice el comando grep.

`grep pattern file` -Búsqueda de patrón en el archivo.

`grep -v pattern file` – Invertir match. Mostrar líneas de un archivo que no coincide con el patrón.

```
$ cat secret
site: facebook.com
user: bob
pass: Abee!
$ grep user secret
user: bob
$ grep o secret
site: facebook.com
user: bob
$ grep -v o secret
pass: Abee!
```

Estas son algunas de las opciones más comunes para usar con grep.

grep -i - Realizar una búsqueda, ignorando mayúsculas y minúsculas.

grep -c - Contar el número de ocurrencias en un archivo.

grep -n - Precede la salida con los números de línea del archivo.

```
$ grep User secret
$ grep -i User secret
user: bob
$ grep -ci User secret
1
$ grep -ni User secret
2:user: bob
```

Búsqueda de texto en archivos binarios

Si ejecuta grep en un archivo binario, simplemente mostrará o no que la información se encuentra en el archivo, pero no se mostrará el texto que lo rodea. Para ver los datos de texto dentro de un archivo binario, utilice el comando strings.

strings file - Mostrar cadenas imprimibles en archivos binarios.

```
$ grep -i john BlueTrain.mp3
Binary file BlueTrain.mp3 matches
$ strings BlueTrain.mp3 | grep -i john
John Coltrane
John Coltrane
$
```

Tuberías

Usted se dará cuenta de que dos comandos se han encadenado junto con una barra vertical, también conocida como el símbolo de tubería. La barra vertical -tubería (|) significa tomar la salida estándar del comando anterior y pasarlo como la entrada estándar a la orden siguiente. Si el primer comando muestra un mensaje de error esto no será pasado al segundo comando. Estos mensajes de error son llamados " error estándar " de salida . Usted aprenderá cómo manipular la salida de error estándar en el capítulo de " redirección ".

Observe también que en la primera aparición del comando grep se utiliza el formato de archivo de patrones grep - i. En el segundo formato, se utiliza el formato de patrón grep - i. En el primer formato la entrada para grep vino de file. En el segundo formato de la entrada para grep vino del comando anterior a través de la tubería.

Si ejecuta `strings BlueTrain.mp3` se mostrará una gran cantidad de texto en la pantalla. En vez de dejar que el texto pase de largo, se puede insertar en grep -i john utilizando una tubería. El resultado, como se puede ver, es que " John Coltrane " se encontró dos veces en `strings BlueTrain.mp3`

Las tuberías no se limitan a sólo dos comandos. Puedes seguir encadenando comandos juntos hasta que obtenga el resultado deseado que busca. Vamos a alimentar la salida de grep para head -1 para limitar la salida de una sola línea.

```
$ strings BlueTrain.mp3 | grep -i john | head -1
John Coltrane
$
```

Digamos que sólo desea mostrar la segunda palabra de la salida anterior. Usted puede utilizar el comando cortar para lograr ese objetivo.

`cut [file]` - Cortar porciones seleccionadas del archivo. Si se omite el archivo, utilice la entrada estándar.

`cut -d delimiter` - Utilice delimitador como separador de campo.

`cut -f N` - Mostrar el campo enésimo.

Para extraer " Coltrane " de " John Coltrane ", utilice un espacio como delimitador (`-d ' '`) e imprima el segundo campo (`-f 2`). El espacio fue citado, ya que los espacios suelen ser ignorados por el shell. Las comillas simples o comillas dobles funcionan de la misma en esta situación.

```
$ strings BlueTrain.mp3|grep -i john|head -1|cut -d ' ' -f2
Coltrane
$
```

Usted encontrará que hay muchos pequeños comandos que hacen bien una sola cosa. Algunos ejemplos son `awk`, `cat`, `cut`, `fmt`, `join`, `less`, `more`, `nl`, `pr`, `sed`, `seq`, `sort`, `tr`, y `uniq`. Veamos un ejemplo usando algunos de esos comandos, y encadenados con tubos.

El archivo / etc / passwd contiene una lista de cuentas en el sistema y la información sobre esas cuentas. En este ejemplo, el objetivo es encontrar a todos los usuarios con nombre "bob" que figuran en el archivo / etc / passwd e imprimirlas en orden alfabético por nombre de usuario en un formato tabular. Esta es una manera que podría hacer eso.

```
$ cd /etc
$ grep bob passwd
bob:x:1000:1000:Bob:/home/bob:/bin/bash
bobdjr:x:1001:1000:Robert
Downey:/home/bobdjr:/bin/bash
bobh:x:1002:1000:Bob Hope:/home/bobh:/bin/bash
bobs:x:1003:1000:Bob Saget:/home/bobs:/bin/bash
bobd:x:1004:1000:Bob Dylan:/home/bobd:/bin/bash
bobb:x:1005:1000:Bob Barker:/home/bobb:/bin/bash
$ grep bob passwd | cut -f1,5 -d:
bob:Bob
bobdjr:Robert Downey
bobh:Bob Hope
```

```
bobs:Bob Saget
bobd:Bob Dylan
bobb:Bob Barker
$ grep bob passwd | cut -f1,5 -d: | sort
bob:Bob
bobb:Bob Barker
bobd:Bob Dylan
bobdjr:Robert Downey
bobh:Bob Hope
bobs:Bob Saget
$ grep bob passwd | cut -f1,5 -d: | sort | sed 's/:/ /'
bob Bob
bobb Bob Barker
bobd Bob Dylan
bobdjr Robert Downey
bobh Bob Hope
bobs Bob Saget
$ grep bob passwd | cut -f1,5 -d: | sort | sed 's/:/ /' |column -t
bob       Bob
bobb      Bob       Barker
bobd      Bob       Dylan
bobdjr    Robert    Downey
bobh      Bob       Hope
bobs      Bob       Saget
```

El ejemplo anterior muestra el proceso de pensamiento, paso a paso de cómo ir de un conjunto de la producción a la tubería como la entrada al siguiente comando. Si necesita llevar a cabo esta acción a menudo se puede ahorrar el comando final para su uso posterior. Como puede ver, este simple concepto de tubería hace que Linux sea extremadamente poderoso.

Salida de tubería a un Pager

Otro uso común de las tuberías es controlar cómo se muestra la salida a la pantalla. Si un comando produce una cantidad significativa de muestra puede desplazarse fuera de la pantalla antes de que tenga la oportunidad de examinarlo. Para controlar la salida use una utilidad de paginación, como more or less. Ya ha utilizado esos comandos directamente en los archivos, pero tenga en cuenta que puede usar la entrada redirigida también.

```
$ grep bob /etc/passwd | less
bob:x:1000:1000:Bob:/home/bob:/bin/bash
bobdjr:x:1001:1000:Robert
Downey:/home/bobdjr:/bin/bash
bobh:x:1002:1000:Bob Hope:/home/bobh:/bin/bash
bobb:x:1005:1000:Bob Barker:/home/bobb:/bin/bash
...
$ ls -l /usr/bin | less
total 62896
-rwxr-xr-x 1 root root  35264 Nov 19  2012 [
-rwxr-xr-x 1 root root     96 Sep 26 20:28 2to3-2.7
-rwxr-xr-x 1 root root     96 Sep 25 18:23 2to3-3.2
-rwxr-xr-x 1 root root  16224 Mar 18  2013 a2p
-rwxr-xr-x 1 root root  55336 Jul 12  2013 ab
....
$ ps -ef | more
UID    PID  PPID  C STIME TTY     TIME CMD
root     1     0  0 Jan08 ?   00:00:00 /sbin/init
root     2     0  0 Jan08 ?   00:00:00 [kthreadd]
root     3     2  0 Jan08 ?   00:00:01 [ksoftirqd/0]
root     6     2  0 Jan08 ?   00:00:00 [migration/0]
root     7     2  0 Jan08 ?   00:00:04 [watchdog/0]
...
$
```

COMO ELIMINAR, COPIAR, MOVER Y RENOMBRAR ARCHIVOS

Eliminar Archivos

Tarde o temprano se cansará de todos los archivos antiguos que ha creado y simplemente están por ahí, estorbando en su directorio personal, y ocupando espacio valioso. Para eliminarlos, utilice el comando rm.

rm file - Eliminar archivo.

rm -r directory - Elimine el directorio y su contenido de forma recursiva. Si desea eliminar un directorio con rm, debe suministrar el argumento-r.

rm -f file - Fuerza la eliminación y nunca pedirá confirmación.

Los patrones de búsqueda se pueden utilizar para eliminar varios archivos a la vez. Es una buena idea comprobar lo que se va a eliminar con ls antes de ejecutar rm.

```
$ ls s*
sales-lecture.mp3 sales.data secret secret.bak
$ rm s*
$ ls -d .*
.  ..  .profile .bash_history
$ rm .*
rm: cannot remove '.': Is a directory
rm: cannot remove '..': Is a directory
$ ls -d .*
.  ..
```

Tenga en cuenta que rm .* No va a eliminar . (este directorio) y .. (directorio padre).

Copia de archivos

Para copiar los archivos, utilice el comando cp. Si desea crear una copia de un archivo puede ejecutar cp source_file destination_file. También puede copiar un archivo, o una serie de archivos, a un directorio mediante el uso de cp file(s) dir.

cp source_file destination_file - Copia source_file a destination_file.

cp source_file1 [source_fileN ...] destination_directory - Copiar source_files a destination_directory.

cp -i source_file destination_file – Ejecutar cp en modo interactivo. Si existe destination_file, cp le pedirá antes de sobrescribir el archivo.

cp -r source_directory destination - **Copia** source_directory recursivamente a su destino. Si existe el destino, copie directorio_origen en destino, de lo contrario cree el destino con el contenido del directorio.

```
$ cp file1 file2
$ mkdir dir
$ cp file1 file2 dir/
$ ls dir
file1 file2
$ rm dir/*
$ cp file1 file2 dir
$ cp -i file1 file2
overwrite file2? (y/n [n]) n
not overwritten
$ cp -r dir dir2
$ ls dir2
file1 file2
$ cp dir dir3
cp: dir is a directory (not copied).
$ mkdir dir3
$ cp -r dir dir2 dir3
$ ls dir3
dir   dir2
$ tree dir3
dir3
├── dir
│   ├── file1
│   └── file2
└── dir2
    ├── file1
    └── file2
```

Mover y Renombrar Archivos

La manera de cambiar el nombre de archivos o directorios en Linux es usar el comando mv. El comando mv mueve ficheros de un lugar a otro. Esto se puede utilizar para trasladar archivos o directorios, y se puede utilizar para cambiar el nombre también.

mv source destination -Mover archivos o directorios. Si el destino es un directorio, la fuente se trasladó al destino. De lo contrario, la fuente será renombrada como destino.

mv -i source destination - Ejecutar mv en modo interactivo. Si el destino existe, mv se le avisará antes de sobrescribir el archivo.

Mire los siguientes ejemplos. Deben dejar claro cómo el comando mv se comporta en diferentes situaciones.

```
$ ls -F
dir/    dir2/  dir3/   file1   file2
$ mv dir firstdir
$ ls -F
dir2/       dir3/       file1       file2       firstdir/
$ mv file1 file1.renamed
$ ls -F
dir2/           dir3/           file1.renamed   file2
firstdir/
$ mv file1.renamed firstdir/
$ ls -F
dir2/     dir3/       file2       firstdir/
$ ls -F firstdir/
file1           file1.renamed   file2
$ cat firstdir/file1
This text started out in file1.
$ cat firstdir/file2
This text started out in file2.
$ mv firstdir/file1 firstdir/file2
$ cat firstdir/file2
This text started out in file1.
$ ls -F firstdir/
file1.renamed   file2
$ mv -i firstdir/file1.renamed firstdir/file2
overwrite firstdir/file2? (y/n [n]) n
not overwritten
$
```

En el ejemplo anterior, un directorio ha sido renombrado con mv dir firstdir. . A continuación, un archivo ha sido renombrado con el archivo `mv file file1`. Siguiente `file1.renamed` fue reubicado en el directorio firstdir con el `mv file1.renamed firstdir/` command. Un archivo se sobrescribe con el comando `mv firstdir/file1 firstdir/file2`. Si desea que se le pregunte antes de que un archivo sea sobrescrito use la opción-i.

ORDENAR LOS DATOS

Usted ya ha visto el comando sort en uso. En la forma más simple ordena las líneas de texto en orden alfabético.

`sort file` - Ordenar el texto en el archivo.

`sort -k F file` - Ordenar por clave. La F después de -k es el número de campo.

`sort -r file` - Ordenar en orden inverso.

`sort -u file` - Ordenar el texto en el archivo, eliminación de las líneas duplicadas.

```
$ cat more-secrets
tags: credentials
site: facebook.com
user: bob
pass: Abee!
tags: credentials
```

```
$ sort more-secrets
pass: Abee!
site: facebook.com
tags: credentials
tags: credentials
user: bob
$ sort -u more-secrets
pass: Abee!
site: facebook.com
tags: credentials
user: bob
$ sort -ru more-secrets
user: bob
tags: credentials
site: facebook.com
pass: Abee!
$ sort -u -k2 more-secrets
pass: Abee!
user: bob
tags: credentials
site: facebook.com
```

CREAR UNA COLECCIÓN DE ARCHIVOS

Si desea agrupar un grupo de archivos y / o directorios juntos en un archivo, puede utilizar el comando tar. Es posible que desee crear una copia, o copia de seguridad de un grupo de archivos. Usted puede tener varios archivos que desea transferir a la vez o como un conjunto. En estas situaciones, el tar puede ayudar.

`tar [-] c|x|t f tarfile [pattern]` - **Crear, extraer** o listar contenido de un archivo tar con el patrón, si se suministra.

Se dará cuenta de que tar no requiere un guión (-) para preceder a sus argumentos. Tradicionalmente, el guión se excluye, pero tar todavía trabaja con él. Si ve `tar cf file.tar` es el mismo que `tar -cf file.tar`. He aquí un vistazo a algunas de las opciones de tar más utilizadas.

c - Crear un archivo tar.

x - Extraer los archivos desde el archivo.

t - Mostrar la tabla de contenido (lista).

v – Causa que tar sea detallado.

f archivo - El archivo de almacenamiento tar para realizar operaciones contra.

En el siguiente ejemplo se usa tar para crear (tar cf tps.tar) un archivo, una lista de los contenidos del archivo (tar tf tps.tar) y extraer el contenido (tar xf tps.tar).

```
$ tar cf tps.tar tpsreports/
$ tar tf tps.tar
tpsreports/
tpsreports/sales-report.txt
tpsreports/coversheet.doc
$ cd /tmp
$ tar xf /home/bob/tps.tar
$ ls tpsreports/
coversheet.doc sales-report.txt
$
```

Si usted desea ver los archivos que están siendo colocados en el archivo o extraídos del archivo, use - v para activar el modo detallado.

```
$ tar cvf misc.tar sec* tpsreports
secret
secret.bak
tpsreports/
tpsreports/sales-report.txt
tpsreports/coversheet.doc
$ tar xvf /home/bob/misc.tar
secret
secret.bak
tpsreports/
tpsreports/sales-report.txt
tpsreports/coversheet.doc
```

COMPRIMIR ARCHIVOS PARA AHORRAR ESPACIO

`gzip file` - Comprimir archivos. El archivo comprimido que resulta se llama file.gz.

`gunzip file` - Descomprimir archivos.

`gzcat` or `zcat` - Concatena y graba archivos comprimidos.

Usted puede utilizar el comando du para mostrar cuántoespacio se utiliza por un archivo.

du - Uso de archivo estimado.

du -k - muestra tamaños en Kilobytes.

du -h - muestra tamaños en formato legible por humanos. Por ejemplo, 1.2M, 3.7G, etc

Aquí hay un par de ejemplos rápidos que demuestran cómo comprimir y descomprimir archivos.

```
$ du -k data
15360 data
$ gzip data
$ du -k data.gz
26 data.gz
$ ls data*
data.gz
$ gunzip data.gz
$ ls data*
data
```

```
$ du -k misc.tar
10 misc.tar
$ gzip misc.tar
$ du -k misc.tar*
misc.tar.gz
$
```

COMPRESIÓN DE ARCHIVOS

En las versiones modernas de tar el comando de compresión gzip está incorporado. Si desea crear, extraer o acceder al contenido de un archivo comprimido utilice el argumento- z. Como cuestión de convención los archivos tar comprimidos terminarán en `.tar.gz` o `.tgz.`. Aquí es cómo se ve:

```
$ tar zcf tps.tgz tpsreports
$ ls *.tgz
tps.tgz
$ tar ztf tps.tgz
tpsreports/
tpsreports/sales-report.txt
tpsreports/coversheet.doc
$
```

Si se encuentra con una versión anterior de tar sin compresión gzip incorporada, se pueden usar tuberías para crear archivos comprimidos. Cuando un guión (-) se utiliza en lugar de un nombre de archivo que significa utilizar la salida estándar. Al ejecutar el comando tar `cf -pattern` se creará un archivo de " patrón " y enviar el resultado a la salida estándar, que es normalmente la pantalla. Si usted sigue el comando con una tubería que la salida estándar se utiliza como entrada para el siguiente comando después de la tubería. Para forzar gunzip a enviar su producción a cabo estándar, utilice el argumento- c. Con esto en mente, aquí es cómo usted puede crear, listar, y extraer un archivo comprimido usando tar, gzip, y tuberías.

```
$ tar cf - tpsreports | gzip > tps.tgz
$ ls *.tgz
tps.tgz
$ gunzip -c tps.tgz | tar tf -
tpsreports/
tpsreports/sales-report.txt
tpsreports/coversheet.doc
$ cd /tmp
$ gunzip -c /home/bob/tps.tgz | tar xf -
$ ls tpsreports/
coversheet.doc sales-report.txt
$
```

REDIRECCIÓN

Ya ha aprendido cómo redirigir la salida de un comando y enviarlo como entrada a otro mediante el uso de tuberías. En el ejemplo anterior vio otra manera de redirigir la salida mediante el signo (>) mayor que. Echemos un vistazo más de cerca a I/O (entrada / salida) de redirección.

Hay tres tipos predeterminados de entrada y salida. Son la entrada estándar, salida estándar y error estándar. Por defecto, la entrada estándar viene desde el teclado y la salida estándar y el error estándar se muestran en la pantalla. A cada uno de estos tipos de E/S se le asigna un descriptor de archivo. Los descriptores de fichero son sólo números que representan los archivos abiertos. Para los seres humanos, es más fácil que nos refiramos a los archivos por nombre, pero es más fácil para los equipos la referencia por número.

Usted puede estar pensando, "mi teclado no es un archivo, ni mi pantalla tampoco." En cierto sentido, esto es cierto, pero en otro no lo es. Linux representa prácticamente todo como un archivo. Esta abstracción permite hacer cosas de gran alcance como tomar la salida estándar de un comando que normalmente se visualiza en su pantalla y

la utilizará como entrada a otro comando. Es más fácil ejecutar `cat`
`file.txt | sort` que escribir todo el contenido de file.txt como
entrada para el comando sort.

Para demostrar este concepto, ejecute sort, escriba algún texto y pulse
Ctrl -d en una línea en blanco. Así es cómo se ve:

```
$ sort
dddd
a
ccc
bb
<<<< Type Ctrl-d here >>>>
a
bb
ccc
dddd
$ cat file.txt
dddd
a
ccc
bb
$ cat file.txt | sort
a
bb
ccc
dddd
$
```

I/O Nombre	Abreviatura	Número fichero
standard input	stdin	0
standard output	stdout	1
standard error	stderr	2

Utilice el signo de mayor que (>) para redirigir la salida y el signo menos
que (<) para redireccionar la entrada. La forma explícita del uso de la

redirección es proporcionar un número de descriptor de archivo, sin embargo, si se omite entonces descriptor de archivo 0 se asume para la redirección de entrada y 1 para la redirección de salida.

> - Redirige la salida estándar a un archivo, sobrescribiendo (truncar) el contenido existente del archivo. Si no existe ningún archivo, crea uno.

>> - Redirige la salida estándar a un archivo y añade contenido existente. Si no existe ningún archivo, crea uno.

<- Redirecciona la entrada desde un archivo al comando anterior al signo menos de.

```
$ ls -lF /opt/apache
drwxr-xr-x 2 root root 4096 Sep 14 12:21 2.3
drwxr-xr-x 2 root root 4096 Nov 27 15:43 2.4
lrwxrwxrwx 1 root root    5 Nov 27 15:43 current -> 2.4
-rw-r--r-- 1 root root 1048 Sep 14 12:58 README
$ ls -lF /opt/apache > files.txt
$ cat files.txt
drwxr-xr-x 2 root root 4096 Sep 14 12:21 2.3
drwxr-xr-x 2 root root 4096 Nov 27 15:43 2.4
lrwxrwxrwx 1 root root    5 Nov 27 15:43 current -> 2.4
-rw-r--r-- 1 root root 1048 Sep 14 12:58 README
$ ls -lF /opt/apache >> files.txt
$ cat files.txt
drwxr-xr-x 2 root root 4096 Sep 14 12:21 2.3
drwxr-xr-x 2 root root 4096 Nov 27 15:43 2.4
lrwxrwxrwx 1 root root    5 Nov 27 15:43 current -> 2.4
-rw-r--r-- 1 root root 1048 Sep 14 12:58 README
drwxr-xr-x 2 root root 4096 Sep 14 12:21 2.3
drwxr-xr-x 2 root root 4096 Nov 27 15:43 2.4
lrwxrwxrwx 1 root root    5 Nov 27 15:43 current -> 2.4
-rw-r--r-- 1 root root 1048 Sep 14 12:58 README
$ sort < files.txt
-rw-r--r-- 1 root root 1048 Sep 14 12:58 README
-rw-r--r-- 1 root root 1048 Sep 14 12:58 README
drwxr-xr-x 2 root root 4096 Nov 27 15:43 2.3
drwxr-xr-x 2 root root 4096 Nov 27 15:43 2.3
drwxr-xr-x 2 root root 4096 Sep 14 12:21 2.4
drwxr-xr-x 2 root root 4096 Sep 14 12:21 2.4
lrwxrwxrwx 1 root root    5 Nov 27 15:43 current -> 2.4
lrwxrwxrwx 1 root root    5 Nov 27 15:43 current -> 2.4
```

En los anteriores ejemplos `ls -lF /opt/apache > files.txt` es lo mismo que `ls -lF /opt/apache 1> files.txt`. También, `sort < files.txt` es lo mismo que `sort 0< files.txt`. No utilice un espacio entre el número de descriptor de archivo y el operador de redirección. El descriptor de archivo debe preceder inmediatamente al operador de redirección, de lo contrario se puede interpretar como un punto más en la línea de comandos.

```
$ ls -lF /opt/apache 1 > files.txt
ls: 1: No such file or directory
$ ls -lF /opt/apache 1> files.txt
$ sort 0 < files.txt
sort: open failed: 0: No such file or directory
$ sort 0< files.txt
-rw-r--r-- 1 root root 1048 Sep 14 12:58 README
-rw-r--r-- 1 root root 1048 Sep 14 12:58 README
drwxr-xr-x 2 root root 4096 Nov 27 15:43 2.3
drwxr-xr-x 2 root root 4096 Nov 27 15:43 2.3
drwxr-xr-x 2 root root 4096 Sep 14 12:21 2.4
drwxr-xr-x 2 root root 4096 Sep 14 12:21 2.4
lrwxrwxrwx 1 root root    5 Nov 27 15:43 current -> 2.4
lrwxrwxrwx 1 root root    5 Nov 27 15:43 current -> 2.4
$
```

Entrada y salida de redirección se puede combinar. Este ejemplo muestra como files.txt es redirigido como entrada para el comando sort. La salida del comando sort se redirige al archivo sorted_files.txt.

```
$ sort < files.txt > sorted_files.txt
$ cat sorted_files.txt
-rw-r--r-- 1 root root 1048 Sep 14 12:58 README
-rw-r--r-- 1 root root 1048 Sep 14 12:58 README
drwxr-xr-x 2 root root 4096 Nov 27 15:43 2.3
drwxr-xr-x 2 root root 4096 Nov 27 15:43 2.3
drwxr-xr-x 2 root root 4096 Sep 14 12:21 2.4
drwxr-xr-x 2 root root 4096 Sep 14 12:21 2.4
lrwxrwxrwx 1 root root    5 Nov 27 15:43 current -> 2.4
lrwxrwxrwx 1 root root    5 Nov 27 15:43 current -> 2.4
```

Error Estándar

Cuando un programa se encuentra con un error se informa de sus conclusiones en el error estándar. El descriptor de archivo 1 es para la salida estándar, 2 es para el error estándar. Recuerde que el descriptor de archivo 1 es el descriptor de archivo por defecto para la redirección de salida. Esto puede significar que no toda la salida generada por un programa es capturada por defecto. He aquí un ejemplo.

```
$ ls here not-here
ls: not-here: No such file or directory
here
$ ls here not-here > out
ls: not-here: No such file or directory
$ cat out
here
$ ls here not-here 2> out.err
here

$ cat out.err
ls: not-here: No such file or directory
$ ls here not-here 1> out 2> out.err
$ cat out
here
$ cat out.err
ls: not-here: No such file or directory
$
```

Usted se dará cuenta que al utilizar > el mensaje de error se mostrará en la pantalla y no se redirige al archivo. Para redirigir los mensajes de error había que especificar explícitamente descriptor de archivo 2 con 2>. Puede enviar la salida estándar a un archivo al enviar el error estándar a otro archivo. Puede usar esto a su ventaja al tener un archivo que contiene buena salida y otro archivo que se puede examinar para detectar errores.

Si desea capturar tanto la salida estándar y el error estándar, utilice 2>&1. Normalmente con la redirección de un archivo sigue el operador de redirección. Si desea utilizar un descriptor de archivo en lugar de un nombre de archivo, utilice el signo (&) símbolo. Así que en lugar de redirigir el error estándar a un archivo (2>out.err), redirija la salida estándar (2>&1). Si omite &, 1 será tratada como un archivo llamado 1.

& - Se utiliza con la redirección para indicar que un descriptor de archivo se utiliza en lugar de un nombre de archivo.

2>&1 - Combina error estándar y la salida estándar.

2> file - Error de redireccionamiento estándar a un archivo.

```
$ ls here not-here > out.both 2>&1
$ cat out.both
ls: not-here: No such file or directory
here
$
```

El comando, ls `here  not-here  >  out.both  2>&1` significa "enviar la salida estándar de ls aquí no, aquí a presentar la out.both llamado y añadir el error estándar a la salida estándar. " Dado que el error estándar se redirige a la salida estándar y la salida estándar se redirige a out.both, toda la salida se grabará en out.both.

Dispositivo Null

>/dev/null - Redirige la salida a ninguna parte.

Si desea ignorar la salida, se puede enviar al dispositivo NULL, /dev/null. El dispositivo nulo es un archivo especial que se deshace de todo lo que se alimenta de el.

Puede escuchar a la gente referirse a el como la papelera de bits. Si no quiere ver los errores en la pantalla y no desea guardarlo en un archivo, puede redirigirlos a / dev / null.

```
$ ls here not-here 2> /dev/null
here
$ ls here not-here > /dev/null 2>&1
$
```

Para Profundizar

- Archivo Descriptores
  http://en.wikipedia.org/wiki/File_descriptor

- Aquí Documentos
  http://en.wikipedia.org/wiki/Here-document

- Dispositivo Null
  http://en.wikipedia.org/wiki//dev/null

- Redirección
  http://en.wikipedia.org/wiki/Redirection_ (informática)

TRANSFERIR Y COPIAR ARCHIVOS

Usted ya sabe cómo copiar archivos de un lugar a otro en el mismo sistema con el comando cp. Pero y si lo que desea es copiar archivos desde su estación de trabajo local a un servidor Linux o entre servidores Linux ? Para que pueda utilizar SCP o SFTP.

SCP es copia segura y SFTP es un protocolo de transferencia de archivos SSH. A veces SFTP se denomina protocolo de transferencia de archivos como seguros. SCP y SFTP son dos extensiones del protocolo Secure Shell (SSH). Esto significa que si usted tiene la autenticación de clave SSH configurado para SSH, también trabajará con SCP y SFTP.

Para utilizar SCP o SFTP necesita un cliente. Mac y Linux vienen con utilidades de línea de comando scp y sftp. Si está ejecutando Windows, puede utilizar Secure Copy Client PuTTY (pscp.exe) y los programas de de transferencia de archivos seguros PuTTY (psftp.exe). Las utilidades de línea de comandos no son su única opción. Existen clientes gráficos para cada plataforma también. Algunos se ejecutan en Windows, Linux, y Mac como FileZilla, mientras que otros sólo se ejecutan en una plataforma como WinSCP para Windows.

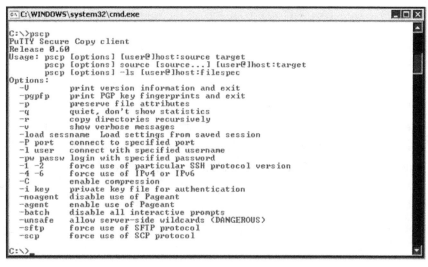

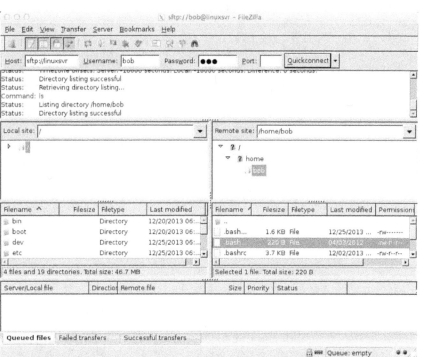

`scp source destination` - Copia el origen al destino.

`sftp [username@]host` – Conéctese a un host como nombre de usuario para iniciar una sesión de transferencia de archivos segura.

Si usted está buscando una experiencia más interactiva donde se puede examinar los sistemas de archivos locales y remotos, utilice SFTP. Con SCP lo que necesita saber es que archivos desea transferir antes de utilizar el comando. Aquí hay un ejemplo de sesión de SFTP.

```
bobby@laptop:/tmp $ sftp bob@linuxsvr
bob@linuxsvr's password:
Connected to linuxsvr.
sftp> pwd
Remote working directory: /home/bob
sftp> ls -la
drwxr-xr-x     4 bob   bob   4096 Dec 25 19:00 .
drwxr-xr-x     4 root  root  4096 Dec  2 22:01 ..
-rw-r--r--     1 bob   bob   3655 Dec  2 22:02 .bashrc
-rw-r--r--     1 bob   bob    675 Apr  3 2012 .profile
drwx------     2 bob   bob   4096 Dec 25 19:00 .ssh
sftp> lpwd
Local working directory: /tmp
sftp> lls
file1.txt
sftp> put file1.txt
Uploading file1.txt to /home/bob/file1.txt
file1.txt
100%    18       0.0KB/s    00:00
sftp> ls
file1.txt
sftp> ls -la
drwxr-xr-x     4 bob   bob   4096 Dec 25 19:02 .
drwxr-xr-x     4 root  root  4096 Dec  2 22:01 ..
-rw-r--r--     1 bob   bob   3655 Dec  2 22:02 .bashrc
-rw-r--r--     1 bob   bob    675 Apr  3 2012 .profile
drwx------     2 bob   bob   4096 Dec 25 19:00 .ssh
-rw-rw-r--     1 bob   bob     18 Dec 25 19:02 file1.txt
sftp> quit
```

Usando scp, puede copiar de su sistema local a un sistema remoto, desde un sistema de control remoto al sistema local, o de un sistema remoto a otro sistema remoto. Aquí es cómo se ve.

```
$ scp test.txt linuxsvr1:~/
test.txt          100%    35KB   35.3KB/s     00:00
$ scp linuxsvr1:~/test.txt .
test.txt          100%    35KB   35.3KB/s     00:00
$ scp linuxsvr1:~/test.txt linuxsvr2:/tmp/test-copy.txt
$
```

SCP y SFTP no son las únicas maneras de transferir archivos a sistemas remotos. A veces FTP (File Transfer Protocol) está habilitada. En tales casos, puede utilizar el comando ftp integrado en Linux y Mac y un cliente gráfico como WinSCP para Windows. Sólo tenga en cuenta que FTP no utiliza un protocolo de transferencia seguro como SCP y SFTP. Esto significa que sus credenciales de acceso se envían como texto sin formato en la red. Además, los archivos que carga y descarga no se cifran tampoco. Si se les da la posibilidad de elegir entre SCP / SFTP o FTP, utilice SCP / SFTP.

```
bobby@laptop:~$ ftp linuxsvr
Connected to linuxsvr.
220 ubuntu FTP server (Version 6.4) ready.
Name (linuxsvr:bobby): bob
331 Password required for bob.
Password:
230 User bob logged in.
Remote system type is UNIX.
Using binary mode to transfer files.
ftp> pwd
257 "/home/bob" is current directory.
ftp> quit
221 Goodbye.
```

Si FTP no está activado, usted verá un mensaje de error " Conexión rechazada ".

```
bobby@laptop:~$ ftp linuxsvr
ftp: connect: Connection refused
ftp> quit
bobby@laptop:~$
```

Para Profundizar

- Conexión a través de SSH con claves - SSH información clave tratada anteriormente en este libro.

- Cyberduck - FTP y SFTP para Mac y Windows. http://cyberduck.io/

- FileZilla - FTP y SFTP para Mac, Linux y Windows. https://filezilla-project.org/

- FireFTP - FTP y SFTP para Firefox que es Mac, Linux y Windows compatible. http://fireftp.net/

- PuTTY http://www.LinuxTrainingAcademy.com/putty/
  - Cliente de SCP para Windows - pscp.exe
  - SFTP para Windows - PSFTP.EXE

- Transmitir - FTP y SFTP para Mac. http://www.panic.com/transmit/

- WinSCP - FTP y SFTP para Windows. http://winscp.net/

Personalización del Prompt

Como se ha visto en el capítulo " Bienvenido a Shell", los mensajes predeterminados pueden variar de un sistema a otro. No importa cuál sea shell que está utilizando, usted puede personalizar su prompt estableciendo una variable de entorno. Para los depósitos como bash, ksh, sh y el entorno PS1 variable se utiliza para establecer la cadena de prompt primario. Los shells csh, tcsh y zsh utilizan la variable de entorno del sistema. La cadena de formato que usted deposita en la variable de entorno determina el aspecto y la sensación de su solicitud. Cada shell utiliza diferentes cadenas de formato así que consulte la documentación de la shell que está utilizando.

Echemos un vistazo a personalizar el indicador bash desde bash es el shell por defecto más popular para las cuentas de usuario en los sistemas Linux. Estas son algunas de las opciones de cadena de formato de uso común para bash. Para obtener una lista completa consulte la página de manual.

\ d - la fecha en el formato de " Día de la semana Mes de la fecha" (por ejemplo, " Tue May 26")

\ h - el nombre del host hasta el primer '.'

\ H - el nombre de host

\ n - la nueva línea

\ t - la hora actual en formato 24 horas HH : MM: SS

\ T - la hora actual en formato 12 horas HH : MM: SS

\ @ - La hora actual en formato de 12 horas am / pm

\ A - la hora actual en formato 24 horas HH : MM

\ u - el nombre de usuario del usuario actual

\ w - el directorio de trabajo actual, con $ HOME abreviado con una tilde

\ W - el nombre base del directorio de trabajo actual, con $ HOME abreviado con una tilde

\ $ - Si el UID efectivo es 0, un #, de lo contrario un $

Estos son algunos ejemplos de los cambios en el intérprete de comandos bash manipular la variable de entorno PS1.

```
[bob@linuxsvr ~]$ echo $PS1
[\u@\h \w]\$
[bob@linuxsvr ~]$ PS1="\u@\h \$ "
bob@linuxsvr $ PS1="<\t \u@\h \w>\$ "
<16:42:58 bob@linuxsvr ~>$ cd /tmp
<16:43:02 bob@linuxsvr /tmp>$ PS1="\d \t \h \W>\$ "
Mon Nov 18 16:45:51 linuxsvr tmp>$ PS1="\t\n[\h \w]\$ "
16:46:47
[linuxsvr /tmp]$
```

Para que su intérprete de comandos personalizado persista entre inicios de sesión, agregue el valor PS1 a sus archivos de inicialización personales. Los archivos de inicialización personales se llaman comúnmente " archivos punto ", ya que comienzan con un punto o un periodo.

```
$ echo 'export PS1="[\u@\h \w]\$ "' >>
~/.bash_profile
```

Crear un alias

Si se encuentra escribiendo el mismo comando una y otra vez, puede crear un acceso directo para esto llamado un alias. Un alias puede ser pensado como un expansor de texto. La creación de alias para los comandos que son realmente largos es también una práctica común. Por ejemplo, si escribe ls - l con frecuencia, es posible que desee abreviarlo a 11. Como cuestión de hecho, este alias a menudo viene predefinido en muchas distribuciones Linux.

alias [name[=value]] - Listar o crear alias. Si no se proporcionan argumentos se muestra la lista actual de los alias. Use el name=value para crear un nuevo alias.

```
$ ls -1
total 4
-rw-r--r-- 1 bob bob 221 Nov 13 11:30 file.txt
$ alias ll='ls -l'
```

```
$ ll
total 4
-rw-r--r-- 1 bob bob 221 Nov 13 11:30 file.txt
$ alias
alias egrep='egrep --color=auto'
alias fgrep='fgrep --color=auto'
alias grep='grep --color=auto'
alias l='ls -CF'
alias la='ls -A'
alias ll='ls -l'
alias ls='ls --color=auto'
$
```

Usted puede incluso utilizar alias para arreglar los errores de escritura comunes. Si usted se encuentra escribiendo grpe cuando la intención es escribir grep, cree un alias.

```
$ alias grpe='grep'
```

Los aliases se pueden crear para su entorno de trabajo similar a la de otra plataforma. Por ejemplo, en Windows cls limpia la pantalla, pero en Linux el comando equivalente es clear. Si usted viene de un fondo de HP- UX es más probable que este familiarizado con el comando bdf que muestra el uso del disco. En Linux un comando muy similar es el df. Se pueden crear estos atajos para ayudarle a sentirse más en casa.

```
$ alias cls='clear'
$ alias bdf='df'
```

Tenga en cuenta que si usted fuera a cerrar la sesión y volver a iniciarla, se perderían sus alias. Para mantenerlos de una sesión a otra añádalos a uno de sus archivos de inicialización personales (archivos de puntos) como .bash_profile.

La desventaja de la creación de varios alias es que cuando usted está en un sistema que no tiene alias es posible que se sienta perdido. Si usted quiere ser capaz de trabajar con eficacia en cualquier sistema al que tiene acceso, mantenga su uso de alias al mínimo. Otra manera de manejar esta situación es para copiar los archivos de configuración para cada sistema en los que usted trabaja.

Sesiones Interactivas vs no Interactivas

La shell se comporta de forma ligeramente diferente cuando inicie sesión de forma interactiva en comparación con cuando se acaba de conectar a ejecutar un solo comando. Aquí hay un ejemplo para ilustrar mejor la diferencia entre shells interactivos y no interactivos.

Interactivo:

```
mac:~ bob$ ssh linuxsvr
Last login: Thu Nov  7 01:26:37 UTC 2013
Welcome to Ubuntu 12.04.3 LTS

 * Documentation:  https://help.ubuntu.com/

  System info as of Nov 14 01:26:52 UTC 2013

  System load:  0.42
  Usage of /:   3.1% of 40GB
  Memory usage: 32%
  Swap usage:   0%
  Processes:          89
  Users logged in:    0
  IP address for eth0: 10.0.0.7

bob@linuxsvr:~$ uptime
 11:49:16 up 97 days,  2:59,  5 users,  load average:
0.15, 0.25, 0.31

bob@linuxsvr:~$ ll
-rw-r--r-- 1 bob bob 221 Nov 13 11:30 file.txt
bob@linuxsvr:~$ exit
logout
Connection to 10.0.0.7 closed.
```

```
mac:~ bob$
```

No interactivo:

```
mac:~ bob$ ssh linuxsvr uptime
 11:49:16 up 97 days,  2:59,  5 users,  load average:
0.15, 0.25, 0.31
mac:~ bob$ ssh linuxsvr ll
bash: ll: command not found
mac:~ bob$
```

El contenido de `.profile` or `.bash_profile` sólo se ejecuta para las sesiones interactivas. Si usted no es consciente de esta diferencia sutil que puede dejar a uno rascándose la cabeza en cuanto a por qué algo funciona perfectamente cuando se conecta y escribe un comando frente a cuando usted solo hace ssh para ejecutar el mismo comando. Por ejemplo, si se define un alias para `ll` en `~/.bash_profile` que funcionará durante una sesión interactiva pero no va a estar disponible durante una sesión no interactiva.

Usted puede ahorrarse la molestia al hacer que sus sesiones interactivas y no interactivas se comportan de la misma forma. Para ello, configure `.bash_profile` para referenciar `.bashrc` y poner toda su configuración en `.bashrc`. Usted puede leer en el contenido de otro archivo con el comando source o operador punto.

`source filename` - Leer y ejecutar comandos de nombre de archivo y de retorno. Cualquier variable creada o modificada en el nombre del archivo permanecerá disponible una vez finalizada la secuencia de comandos.

`. filename` - Igual que el nombre del archivo fuente.

```
$ cat .bash_profile
# Put our settings in .bashrc so we have the same
environment for login and non-login shells.
if [ -f ~/.bashrc ]; then
   source ~/.bashrc
fi
$ cat .bashrc
# use a vi-style line editing interface
set -o vi

# Set the prompt.
PS1="[\u@\h \w]\$ "
export PS1

# Set the PATH.
PATH=$PATH:~/bin
export PATH

# Aliases
alias grpe='grep'
alias ll='ls -l'
alias utc='TZ=UTC date'
alias vi='vim'
```

Ahora los alias definidos por usted están disponibles durante las sesiones interactivas y no interactivas. Así es como se comportan las sesiones después de este cambio.

Interactivo:

```
mac:~ bob$ ssh linuxsvr
Last login: Thu Nov  7 01:26:37 UTC 2013
Welcome to Ubuntu 12.04.3 LTS

 * Documentation:  https://help.ubuntu.com/

   System info as of Nov 14 01:26:52 UTC 2013

   System load:  0.42
   Usage of /:   3.1% of 40GB
   Memory usage: 32%
   Swap usage:   0%
```

```
Processes:          89
Users logged in:    0
IP address for eth0: 10.0.0.7

bob@linuxsvr:~$ ll
-rw-r--r-- 1 bob bob 221 Nov 13 11:30 file.txt
bob@linuxsvr:~$ exit
logout
Connection to 10.0.0.7 closed.
mac:~ bob$
```

No interactivo:

```
mac:~ bob$ ssh linuxsvr ll
-rw-r--r-- 1 bob bob 221 Nov 13 11:30 file.txt
mac:~ bob$
```

Comentarios

En los ejemplos anteriores usted puede haber notado la octothorpe (#) seguida de un muy humano texto en los archivos ~/.bash_profile y ~/.bashrc. El texto que sigue a un octothorpe es ignorado por el intérprete. Este es un patrón muy común que no sólo funciona para los depósitos, sino también para varios lenguajes de programación de computadoras. Esta construcción permite comentarios y anotaciones para ser utilizadas sin afectar la ejecución de un programa o script.

- Octothorpe. También conocido como hash, cuadrado, símbolo de almohadilla, o el número de signos. Este símbolo se encuentra delante de comentarios.

```
$ # This does nothing.
$ This does something.
This: command not found
$ alias # Show my aliases.
alias egrep='egrep --color=auto'
alias fgrep='fgrep --color=auto'
alias grep='grep --color=auto'
alias l='ls -CF'
```

```
alias la='ls -A'
alias ll='ls -l'
alias ls='ls --color=auto'
```

Historial Shell

El shell mantiene un registro de los comandos que ha ejecutado con anterioridad. Bash mantiene su historia en la memoria para la sesión actual y en el archivo bash_history ~ / para que pueda recordarlo durante las sesiones futuras. Otros shells pueden usar ~/.history, ~/.zsh_history, u otros archivos con nombres similares. El tener acceso a su historial de shell es muy útil, ya que le permite repetir con rapidez los comandos. Esto le puede ahorrar tiempo, ahorrar pulsaciones de teclado, le impide cometer errores al ejecutar un buen dominio conocido previamente, y en general acelerar su flujo de trabajo.

history - Muestra una lista de comandos en la historia de shell.

! N - Repetición de comandos y número de línea N.

! ! - Repetir la línea de comandos anterior.

! string - Repita el comando más reciente que comienza con " cadena ".

```
$ history
1 ls
2 diff secret secret.bak
3 history
$ !1
ls
PerformanceReviews tpsreports
$ echo $SHELL
/bin/bash
$ !!
echo $SHELL
/bin/bash
```

```
$ !d
diff secret secret.bak
3c3
< pass: Abee!
---
> pass: bee
$
```

Con la sintaxis de la expansión de historia con el signo de exclamación puede volver a ejecutar una orden por número. En el ejemplo anterior, el primer comando en la historial fue ejecutado con !1. Si desea ejecutar el segundo comando ejecute !2. Otro atajo conveniente es !-N lo que significa ejecutar el comando anterior enésimo. Si desea ejecutar el segundo al último tipo de comando !-2. Puesto que !! repite el comando más reciente, es el mismo que !-1.

```
$ history
1 ls
2 diff secret secret.bak
3 history
$ !-2
diff secret secret.bak
3c3
< pass: Abee!
---
> pass: bee
$
```

Por defecto bash conserva 500 comandos en el historial de shell. Esto es controlado por la variable de entorno HISTSIZE. Si usted desea aumentar este número añada HISTSIZE exportación = 1000 o algo similar a los archivos de inicialización personales.

Ctrl -r - Búsqueda hacia atrás. Buscar en el historial de comandos shell.

Puede buscar los comandos en su historial. Por ejemplo, si usted tiene el comando `find /var/tmp -type f` en su historial de shell lo puede encontrar tecleando Ctrl -r fi Enter. Ctrl -r inicia la búsqueda hacia atrás y muestra la solicitud de búsqueda, fi es la cadena de búsqueda, y Enter ejecuta el comando que se encontró. Usted no tiene que buscar el principio de la cadena. Usted podría haber muy bien buscado " var ", " tmp", o " tipo ".

```
$ find /var/tmp -type f
/var/tmp/file.txt
(reverse-i-search)`fi': find /var/tmp -type f
/var/tmp/file.txt
```

Implementación del Tabulador

Otra manera de aumentar su eficiencia en el shell es mediante el uso de la implementación del tabulador. Después de empezar a escribir un comando puede pulsar la tecla Tab para invocar la implementación del tabulador. Tab intenta completar automáticamente los comandos parcialmente mecanografiados. Si hay varios comandos que comienzan con la cadena que precede

Tab, se mostrarán los comandos. Puedes seguir escribiendo y pulse Tab de nuevo. Cuando sólo queda una posibilidad, al pulsar la tecla Tab se completa el comando.

Tab – los comandos y nombres de archivo se completan automáticamente.

```
$ # Typing who[Tab][Tab] results in:
$ who
who      whoami
$ # Typing whoa[Tab][Enter] results in:
$ whoami
bob
$
```

La implementación del tabulador no sólo funciona en los comandos, pero también funciona en archivos y directorios. Si tiene archivos que comienzan con un prefijo común, Tab ampliará el componente común. Por ejemplo, si tiene dos archivos denominados file1.txt y file2.txt, escribiendo cat f Tab ampliará la línea de comandos para cat. A continuación, puede seguir escribiendo o presionar la tecla Tab dos veces para indicar las posibles ampliaciones. Al escribir cat f Tab 2 Tab se ampliará a file2.txt. Después de experimentar con la implementación del tabulador pronto se convertirá en una segunda naturaleza.

```
$ # Typing cat f[Tab] results in:
$ cat file
$ # Typing: cat f[Tab][Tab][Tab] results in:
$ cat file
file1.txt   file2.txt
$ # Typing cat f[Tab] 2[Tab][Enter] results in:
$ cat file2.txt
This is file2!!!
$
```

Edición de Comandos de línea Shell

De vez en cuando tendrá que cambiar algo en la línea de comandos actual. Tal vez usted ha notado un error de ortografía en la parte delantera de la línea o la necesidad de añadir una opción adicional para el comando actual. También puede encontrarse con el deseo de recordar una orden de su historial de shell y modificarla ligeramente para adaptarse a la situación actual. La edición de línea de comandos hace que estos tipos de actividades sean posibles.

Las Shells como bash, ksh, tcsh y zsh proporcionan dos modos de edición de la línea de comandos. Son emacs, que suele ser el modo por defecto, y vi. Dependiendo de la shell puede cambiar los modos de edición utilizando el conjunto de comandos o bindkey. Si desea asegurarse de que su modo preferido se establece al iniciar la sesión, agregue uno de los dos comandos a los archivos de inicialización personales.

Shell	Modo Emacs	Modo Vi	Modo por Defecto
bash	set -o emacs	set -o vi	emacs
ksh	set -o emacs	set -o vi	none
tcsh	bindkey -e	bindkey -v	emacs
zsh	bindkey -e	bindkey -v	emacs
zsh	set -o emacs	set -o vi	emacs

Modo Emacs

Como era de esperar, en emacs el modo de edición de línea de comandos puede utilizar las asociaciones de teclas que se encuentran en el editor emacs. Por ejemplo, para desplazarse al principio del tipo de línea de comandos Ctrl-a. Para recuperar el comando anterior teclee Ctrl -p.

Esc Esc - finalización Escape. Al igual que en la implementación del tabulador.

Ctrl -b - Mueve el cursor hacia la izquierda (hacia atrás)

Ctrl -f - Mueve el cursor hacia la derecha (hacia adelante)

Ctrl -p - Up (línea de comandos anterior)

Ctrl -n - Down (línea de comandos siguiente)

Ctrl -e - Ir al final de la línea

Ctrl -a - Ir al principio de la línea

Ctrl- x Ctrl -e - Modifique la línea de comandos en el editor definido por la variable de entorno $EDITOR.

Consulte la sección de este libro sobre el editor emacs para más asociaciones de teclas.

Modo Vi

Cuando se utiliza el modo de vi edición de línea de comandos inicie en modo de inserción para que pueda escribir rápidamente los comandos. Para entrar en modo comando, presione Esc. Para pasar a la orden anterior, por ejemplo, escriba Esc k. Para reanudar la edición de entrar en el modo de inserción pulsando i, I, a, o A.

Esc - Entre en el modo de comando.

Asociaciones de teclas en el modo de comandos :

\ - Finalización archivo de estilo Vi. Al igual que en la implementación del tabulador.

h - Mover el cursor hacia la izquierda

k - Up (línea de comandos anterior)

j - Abajo (línea de comandos siguiente)

l - Mover cursor hacia la derecha

$ - Cambiar al final de la línea

^ - Mover al principio de la línea

i - Entre en el modo de inserción.

a - Entre en el modo de inserción, añadir texto en la ubicación actual.

A - Entre en el modo de inserción, añadir texto al final de la línea.

I - Ingrese al modo de edición de inserción, anteponga el texto al inicio de la línea.

v - Modifique la línea de comandos en el editor definido por la variable de entorno $EDITOR.

Consulte la sección de este libro sobre el editor vi para más asociaciones de teclas.

Tratar con comandos largos Shell

La barra invertida (\) es el carácter de continuación de línea. Usted ha aprendido cómo usar la barra invertida para escapar caracteres especiales como espacios. Sin embargo, cuando una barra invertida se coloca al final de una línea se utiliza como un carácter de continuación de línea. Esto le permite crear líneas de comandos que se muestran en forma de múltiples líneas, pero se ejecutan como una sola línea de comandos de la shell. Puede usar la continuación de línea para realizar comandos más legible y fácil de entender.

```
$ echo "one two three"
one two three
$ echo "one \
> two \
> three"
one two three
```

```
$ echo "onetwothree"
onetwothree
$ echo "one\
> two\
> three"
onetwothree
$
```

Observe el símbolo de mayor que (>) en el ejemplo anterior. Es la cadena del indicador secundario y se puede personalizar cambiando la variable de entorno PS2. Usted aprendió previamente cómo cambiar la cadena del indicador primario con PS1 en la sección "Personalización del sistema" de este libro.

```
$ PS2="line continued: "
$ echo "one \
line continued: two \
line continued: three"
one two three
$
```

Variables de entorno

Ya se les han presentado las variables de entorno y las ha puesto a buen uso. En resumen, una variable de entorno es un lugar de almacenamiento que tiene un nombre y un valor. A menudo afecta la forma en que los programas se comportan. Por ejemplo, usted aprendió cómo informar a los diversos programas de su editor preferido por la definición de la variable de entorno $EDITOR.

Variables de entorno comúnes

Variable	Descripción
EDITOR	El programa a ejecutar para realizar ediciones.
HOME	El directorio de inicio del usuario.

Variable	Descripción
LOGNAME	El nombre de inicio de sesión del usuario.
MAIL	La ubicación de la bandeja de entrada local del usuario.
OLDPWD	El directorio de trabajo anterior.
PATH	Un colon lista de directorios separados para buscar los comandos.
PAGER	Este programa se puede llamar para ver un archivo.
PS1	La cadena del indicador primario.
PWD	El actual directorio de trabajo.
USER	El nombre de usuario del usuario.

Visualización de las variables de entorno

Si conoce el nombre de la variable de entorno que se desea examinar, puede ejecutar echo $VARIABLE_NAME o printenv VARIABLE_NAME.. Si desea examinar todas las variables de entorno que se establecen, utilice el env o printenv.

printenv - Imprimir todo o parte del entorno.

```
$ printenv HOME
/home/bob
$ echo $HOME
/home/bob
$ printenv
TERM=xterm-256color
SHELL=/bin/bash
USER=bob
PATH=/usr/local/bin:/usr/bin:/bin
MAIL=/var/mail/bob
PWD=/home/bob
LANG=en_US.UTF-8
HOME=/home/bob
LOGNAME=bob
$ env
```

```
TERM=xterm-256color
SHELL=/bin/bash
USER=bob
PATH=/usr/local/bin:/usr/bin:/bin
MAIL=/var/mail/bob
PWD=/home/bob
LANG=en_US.UTF-8
HOME=/home/bob
LOGNAME=bob
$
```

Exportación de variables de entorno

Cuando se inicia un proceso hereda las variables de entorno exportadas del proceso que lo generó. Una variable que se establece o cambia sólo afecta al proceso en ejecución actual, a menos que se exporte. Las variables que no se exportan se llaman variables locales. El comando de exportación permite que las variables se utilicen por los comandos ejecutados posteriormente. He aquí un ejemplo.

```
$ echo $PAGER

$ PAGER=less
$ echo $PAGER
less
$ bash
$ echo $PAGER

$ exit
exit
$ export PAGER=less
$ bash
$ echo $PAGER
less
$ exit
exit
$
```

En el ejemplo de arriba PAGER se definió en el entorno actual. Cuando se inicia un proceso hijo hereda todas las variables de entorno que se exportaron en el entorno actual. Puesto que PAGER no fue exportado no fue configurada en el shell bash engendrado. Al exportar PAGER vio que estaba efectivamente disponible en el proceso hijo.

Extracción de Variables del Entorno

Puede usar unset para eliminar o suprimir una variable de entorno

```
$ echo $PAGER
less
$ unset PAGER
$ echo $PAGER

$
```

Para Profundizar

- Bash es - Un marco para la gestión de la configuración bash.
  https://github.com/revans/bash-it

- Explicó finalización Tab - Línea de comandos de finalización.
  http://en.wikipedia.org/wiki/Command-line_completion

- Archivos de configuración de carcasa - Una lista de los archivos que se utilizan para configurar el intérprete de comandos.
  http://en.wikipedia.org/wiki/Unix_shell #
  Configuration_files_for_shells

- Dotfiles.org - Un lugar para cargar, descargar y compartir sus ficheros dot.
  http://dotfiles.org/

- Dotfiles.github.io - Una guía para dotfiles en github.com.
  http://dotfiles.github.io/

- Oh mi ZSH - Un marco impulsado por la comunidad para la gestión de la configuración de zsh.
  https://github.com/robbyrussell/oh-my-zsh

- Shells
  - Bourne Shell
    https://en.wikipedia.org/wiki/Bourne_shell
  - Bash
    https://www.gnu.org/software/bash/
  - C Shell
    https://en.wikipedia.org/wiki/C_shell
  - Korn Shell
    http://www.kornshell.com/
  - Tcsh
    http://www.tcsh.org/
  - Z Shell
    http://www.zsh.org/

- Usando Bash Historia interactiva - Documentación oficial historia Bash.
  http://www.gnu.org/software/bash/manual/bashref.html # Uso -Historia- de forma interactiva

- Unix Shell - Un artículo sobre la interfaz de usuario del shell.
  https://en.wikipedia.org/wiki/Unix_shell

PROCESO Y CONTROL DE TRABAJO

Listado de Procesos y Visualización de la Información

Para mostrar los procesos actualmente en ejecución utilice el comando ps. Si no se especifican opciones, ps muestra los procesos asociados a la sesión actual. Para ver todos los procesos incluyendo los que no son propiedad de usted, use ps -e. Para ver los procesos en ejecución por un uso específico, utilice ps -u nombre de usuario.

ps – muestra el estado del proceso.

Opciones Ps comunes:

-e - Todo, todos los procesos.

-f - Listado completo de formato.

-u `username` – nombre de usuario - Muestra los procesos que se ejecutan como nombre de usuario.

-p pid - Mostrar la información del proceso de pid. Un PID es un identificador de proceso.

Comandos ps comunes:

ps-e - Muestra todos los procesos.

ps -ef - Muestra todos los procesos.

ps- eH - Mostrar un árbol de procesos.

ps -e --forest - Mostrar un árbol de procesos.

ps -u nombre de usuario - Mostrar los procesos que se ejecutan como nombre de usuario.

```
$ ps
  PID TTY          TIME CMD
19511 pts/2    00:00:00 bash
19554 pts/2    00:00:00 ps
$ ps -p 19511
  PID TTY          TIME CMD
19511 pts/2    00:00:00 bash
$ ps -f
UID          PID  PPID  C STIME TTY          TIME CMD
bob        19511 19509  0 16:50 pts/2    00:00:00 -bash
bob        19556 19511  0 16:50 pts/2    00:00:00 ps -f
$ ps -e | head
  PID TTY          TIME CMD
    1 ?        00:00:02 init
    2 ?        00:00:00 kthreadd
    3 ?        00:00:19 ksoftirqd/0
    5 ?        00:00:00 kworker/0:0H
    7 ?        00:00:00 migration/0
    8 ?        00:00:00 rcu_bh
    9 ?        00:00:17 rcu_sched
   10 ?        00:00:12 watchdog/0
   11 ?        00:00:00 khelper
$ ps -ef | head
```

```
UID         PID  PPID  C STIME TTY      TIME CMD
root          1     0  0 Dec27 ?    00:00:02 /sbin/init
root          2     0  0 Dec27 ?    00:00:00 [kthreadd]
root          3     2  0 Dec27 ?    00:00:19 [ksoftirqd/0]
root          5     2  0 Dec27 ?    00:00:00 [kworker/0:0H]
root          7     2  0 Dec27 ?    00:00:00 [migration/0]
root          8     2  0 Dec27 ?    00:00:00 [rcu_bh]
root          9     2  0 Dec27 ?    00:00:17 [rcu_sched]
root         10     2  0 Dec27 ?    00:00:12 [watchdog/0]
root         11     2  0 Dec27 ?    00:00:00 [khelper]
$ ps -fu www-data
UID         PID  PPID  C STIME TTY      TIME CMD
www-data    941   938  0 Dec27 ?    00:00:00
/usr/sbin/apache2 -k start
www-data    942   938  0 Dec27 ?    00:00:00
/usr/sbin/apache2 -k start
www-data    943   938  0 Dec27 ?    00:00:00
/usr/sbin/apache2 -k start
```

Aquí tiene otros comandos que le permiten ver los procesos en ejecución.

pstree - Mostrar procesos que se ejecutan en un formato de árbol.

htop - visor de procesos interactivo. Este comando es menos común que la parte superior y puede no estar disponible en el sistema.

top - visor de procesos interactivo.

Procesos en ejecución en el primer plano y de fondo

Hasta este punto todos los comandos que ha venido ejecutando han estado funcionando en primer plano. Cuando un comando, proceso o programa se está ejecutando en primer plano el intérprete de comandos no se mostrará hasta las salida del proceso. Para los programas de larga ejecución puede ser conveniente enviarlos a un segundo plano. Los procesos que están en segundo plano se siguen ejecutando y llevan a cabo su tarea, sin embargo no te bloquean la entrada de otros comandos en la shell. Para un proceso de fondo, coloque un signo (&) al final del comando.

comando & - Iniciar en el fondo.

Ctrl -c - Mata los procesos en primer plano.

Ctrl- z - Se suspende el proceso en primer plano.

bg [%num] - Antecedentes de un proceso suspendido.

fg [% num] - poner en primer plano un proceso en segundo plano.

kill [% num] - Mata un proceso por el número de trabajo o PID.

jobs [% num] - listar trabajos.

```
$ ./long-running-program &
[1] 22686
$ ps -p 22686
  PID TTY            TIME CMD
22686 pts/1    00:00:00 long-running-pr
$ jobs
[1]+  Running  ./long-running-program &
$ fg
./long-running-program
```

Cuando está en segundo plano un comando se muestran dos números. El número entre paréntesis es el número de trabajo y puede ser referido precediéndolo con el signo de porcentaje. El segundo número es el PID. Esto es lo que se muestra al iniciar varios procesos en segundo plano.

```
$ ./long-running-program &
[1] 22703
```

```
$ ./long-running-program &
[2] 22705
$ ./long-running-program &
[3] 22707
$ ./long-running-program &
[4] 22709


$ jobs
[1]    Done         ./long-running-program
[2]    Done         ./long-running-program
[3]-   Running      ./long-running-program &
[4]+   Running      ./long-running-program &
```

El signo más (+) en la salida de puestos de trabajo representa el trabajo actual, mientras que el signo menos (-) representa el trabajo anterior. El trabajo actual se considera que es el último trabajo que fue detenido mientras se encontraba en el primer plano o el último trabajo que se inició en el fondo. El trabajo actual puede hacer referencia a %% o %+. Si no hay información del trabajo se suministra a los comandos fg o bg, operados por el trabajo actual. El trabajo anterior puede ser referido como % -.

Usted se dará cuenta de que el número de puestos de trabajo 1 y 2 se informó como hecho. El shell no interrumpe la línea de comandos actual, pero reportará estados del trabajo justo antes de que aparezca una nueva solicitud. Por ejemplo, si se inicia un programa en segundo plano se devuelve un aviso. El shell no reportará el estado del trabajo hasta que aparezca una nueva petición. Usted puede solicitar que una nueva petición se muestre con sólo oprimir la tecla Enter.

Para llevar un trabajo de vuelta al primer plano, escriba el nombre del trabajo o use el comando fg. Poner en primer plano el trabajo actual ejecutar %%, %+, fg, fg %%, fg %+, or fg %num. Poner en primer plano el trabajo número 3, ejecute % 3 o fg % 3.

```
$ jobs
[3]-   Running       ./long-running-program &
[4]+   Running       ./long-running-program &
$ fg %3
./long-running-program
```

Para hacer una pausa o suspender un trabajo que se está ejecutando en primer plano, pulse Ctrl-z. Una vez que se suspende un trabajo se puede resumir en el primer plano o de fondo. Para el fondo, escriba un trabajo suspendido el nombre del trabajo seguido de un ampersand o use bg seguido del nombre del trabajo.

```
$ jobs
[1]    Running    ./long-running-program &
[2]-   Running    ./long-running-program &
[3]+   Running    ./another-program &
$ fg
./another-program
^Z
[3]+   Stopped    ./another-program
$ jobs
[1]    Running    ./long-running-program &
[2]-   Running    ./long-running-program &
[3]+   Stopped    ./another-program
$ bg %3
[3]+ ./another-program &
$ jobs
[1]    Running    ./long-running-program &
[2]-   Running    ./long-running-program &
[3]+   Running    ./another-program &
```

Puede detener o matar un trabajo en segundo plano con el comando kill. Por ejemplo, para matar el trabajo número 1 ejecute kill %1. Para matar un puesto de trabajo que se ejecuta en el primer plano, pulse Ctrl-c.

```
$ jobs
[1]   Running     ./long-running-program &
[2]-  Running     ./long-running-program &
[3]+  Running     ./another-program &
$ kill %1
[1]   Terminated  ./long-running-program
$ jobs
[2]-  Running     ./long-running-program &
[3]+  Running     ./another-program &
$ fg %2
./long-running-program
^C
$ jobs
[3]+  Running     ./another-program &
$
```

Matar Procesos

`Ctrl -c` - Mata el proceso en primer plano.

`kill [signal] pid` - Enviar una señal a un proceso.

`kill -l` - Mostrar una lista de señales.

La señal por defecto utilizado por matar es la terminación. Usted verá que esta señal se conoce como SIGTERM o TERM, para abreviar. Las señales tienen números que corresponden a sus nombres. La señal TERM predeterminada es el número 15. Así ejecutando pid kill, kill -15 pid y kill- TERM pid son todos equivalentes. Si un proceso no termina cuando envía la señal TERM, utilice la señal de matar que es el número 9.

```
$ ps | grep hard-to-stop
27398 pts/1    00:00:00 hard-to-stop
$ kill 27398
$ ps | grep hard-to-stop
```

```
27398 pts/1    00:00:00 hard-to-stop
$ kill -9 27398
$ ps | grep hard-to-stop
$
```

Para Profundizar

- Documentación Bash para el Control del Trabajo
  http://gnu.org/software/bash/manual/html_node/Job-
  Control.html

PLANIFICACIÓN DE TAREAS REPETITIVAS CON CRON

Si tiene que repetir una tarea en un horario, puede utilizar el servicio de cron. Cada minuto las cron comprueba el servicio para ver si hay alguna tarea programada para ejecutarse y si es así la ejecuta. Los puestos de trabajo Cron a menudo se utilizan para automatizar un proceso o realizar el mantenimiento de rutina. Puede programar trabajos de cron mediante el comando crontab.

cron - Un servicio de planificación de tareas basado en tiempo basado. Este servicio normalmente se inicia cuando se inicia el sistema.

crontab - Un programa para crear, leer, actualizar y borrar sus horarios de trabajo.

Un crontab (tabla cron) es un archivo de configuración que especifica cuando los comandos deben ser ejecutados por cron. Cada línea en un crontab representa un trabajo y contiene dos tipos de información : 1) cuándo ejecutar y 2) qué ejecutar. La especificación del tiempo consiste en cinco campos. Son minuto, hora, día del mes, mes y día de la semana. Después de la especificación del tiempo usted proporciona que el comando se ejecute.

Formato Crontab

```
*  *  *  *  *  command
|  |  |  |  |
|  |  |  |  +-- Day of the Week   (0-6)
|  |  |  +---- Month of the Year (1-12)
|  |  +------ Day of the Month  (1-31)
|  +-------- Hour              (0-23)
+---------- Minute            (0-59)
```

El comando sólo se ejecutará cuando todos los campos de especificación del tiempo coinciden con la fecha y hora actuales. Puede especificar que un comando se ejecute sólo una vez, pero esto no es el caso de uso típico para cron. Por lo general, uno o más de los campos de especificación del tiempo contendrán un asterisco (*), que equivale a cualquier hora o fecha para ese campo. Aquí hay un ejemplo de crontab.

```
# Run every Monday at 07:00.
0 7 * * 1 /opt/sales/bin/weekly-report
```

Aquí tiene una representación gráfica de la entrada crontab de arriba.

```
0 7 * * 1 /opt/sales/bin/weekly-report
|  |  |  |  |
|  |  |  |  +-- Day of the Week   (0-6)
|  |  |  +---- Month of the Year (1-12)
|  |  +------ Day of the Month  (1-31)
|  +-------- Hour              (0-23)
+---------- Minute            (0-59)
```

Este trabajo se ejecutará sólo cuando el momento es 0, la hora es 7, y el día de la semana es 1. En el día de la semana de campo 0 representa Domingo, 1 Lunes, etc Este trabajo se ejecutará en cualquier día y durante cualquier mes puesto que el asterisco se utiliza para esos dos campos.

Si cualquier salida es generada por el comando se enviará por correo. Usted puede revisar su correo local con el comando mail. Si usted prefiere no recibir correo electrónico, puede redirigir la salida del comando, como en este ejemplo.

```
# Run at 02:00 every day and send output to a log.
0 2 * * * /opt/acme/bin/backup > /tmp/backup.log 2>&1
```

Puede proporcionar varios valores para cada uno de los campos. Si desea ejecutar un comando cada media - hora, usted puede hacer esto.

```
# Run every 30 minutes.
0,30 * * * * /opt/acme/bin/half-hour-check

# Another way to do the same thing.
*/2 * * * * /opt/acme/bin/half-hour-check
```

En lugar de utilizar 0,30 para el campo de los minutos se podría haber utilizado * / 2. Usted puede incluso utilizar rangos con un guión. Si desea ejecutar un trabajo cada minuto durante los primeros cuatro minutos de la hora se puede utilizar esta especificación tiempo : 0-4 **** comando.

Hay varias implementaciones del planificador cron y algunos le permiten utilizar atajos y palabras clave en los crontabs. Las palabras claves comunes se han dispuesto a continuación, pero vea la documentación de cron en su sistema para asegurar que estos funcionan.

Palabra clave	Descripción	Equivalente
@yearly	Ejecutar una vez al año en la medianoche en la mañana del 1 de enero	0 0 1 1 *
@annually	Igual que @ anual	0 0 1 1 *
@monthly	Ejecutar una vez al mes a la medianoche en la mañana del primer día del mes	0 0 1 * *
@weekly	Ejecutar una vez a la semana a la medianoche en la mañana del domingo	0 0 * * 0
@daily	Ejecutar una vez al día a la medianoche	0 0 * * *
@midnight	Igual que todos los días @	0 0 * * *
@hourly	Ejecutar una vez una hora al comienzo de la hora	0 * * * *
@reboot	Ejecutar al iniciar	N/A

Uso del Comando Crontab

Utilice el comando crontab para manipular puestos de trabajo cron.

crontab archivo - Instale un nuevo crontab desde archivo.

crontab -l – Enumere sus trabajos cron.

crontab -e - Edite sus trabajos cron.

crontab- r - Elimine todos los trabajos cron.

```
$ crontab -l
no crontab for bob
$ cat my-cron
# Run every Monday at 07:00.
0 7 * * 1 /opt/sales/bin/weekly-report
$ crontab my-cron
$ crontab -l
# Run every Monday at 07:00.
0 7 * * 1 /opt/sales/bin/weekly-report
$ crontab -e
# $EDITOR is invoked.
$ crontab -r
$ crontab -l
no crontab for bob
$
```

Para Profundizar

- CronWFT - Decodifica líneas crontab. Imprima salida legible por humanos.
  http://cronwtf.github.io/

- CronMaker - Una utilidad que te ayuda a crear expresiones cron.
  http://www.cronmaker.com/

CAMBIO DE USUARIOS Y EJECUCIÓN DE COMANDOS COMO OTROS

su

Una manera de empezar una sesión como otro usuario en el sistema es utilizar el comando su. Si no se suministran argumentos a su, se supone que usted está tratando de convertirse en el superusuario. La ejecución de su es la misma que la ejecución de root. El entorno actual se pasa a la nueva shell a menos que especifique un guión (-). En ese caso, su crea un entorno como el que se puede esperar para ver si hubiera iniciado sesión como ese usuario.

su [username] - Cambie ID de usuario o conviértase en superusuario

Las opciones comunes su:

− - El guión se utiliza para proporcionar un entorno similar a lo que el usuario esperaría tenido el usuario conectado en forma directa.

-c command - Especifique un comando que se ejecutará. Si la orden es más que una palabra de longitud, tiene que ser citado.

```
bob@linuxsvr:~$ export TEST=1
bob@linuxsvr:~$ su oracle
Password:
oracle@linuxsvr:/home/bob$ echo $TEST
1
oracle@linuxsvr:/home/bob$ pwd
/home/bob
oracle@linuxsvr:/home/bob$ exit
exit
bob@linuxsvr:~$ su - oracle
Password:
oracle@linuxsvr:~$ echo $TEST

oracle@linuxsvr:~$ pwd
/home/oracle
oracle@linuxsvr:~$ exit
bob@linuxsvr:~$ su -c 'echo $ORACLE_HOME' oracle
Password:

bob@linuxsvr:~$ su -c 'echo $ORACLE_HOME' - oracle
Password:
/u01/app/oracle/product/current
bob@linuxsvr:~$
```

Si usted quiere saber que el usuario está usando, ejecute el comando whoami.

whoami - Muestra el nombre de usuario efectivo.

```
$ whoami
bob
$ su oracle
Password:
$ whoami
oracle
$
```

Sudo - Super Usuario Do

Otra forma de cambiar de usuario o ejecutar comandos como otros es usar el comando sudo. Sudo permite ejecutar programas con los privilegios de seguridad de otro usuario. Al igual que su, si no se especifica ningún nombre de usuario asume que usted está tratando de ejecutar comandos como superusuario. Esta es la razón por la que sudo se conoce como superusuario do. Es comúnmente usado para instalar, iniciar y detener aplicaciones que requieren privilegios de superusuario.

sudo - Ejecuta un comando como otro usuario, normalmente el superusuario.

Una ventaja de usar sudo en el comando su es que usted no necesita saber la contraseña de otro usuario. Esto puede eliminar los problemas que surgen de la utilización de contraseñas compartidas y cuentas genéricas. Cuando se ejecuta el comando sudo se le pide su contraseña. Si la configuración de sudo permite el acceso, se ejecuta el comando. La configuración de sudo es normalmente controlada por el administrador del sistema y requiere acceso root al cambio.

Usando Sudo

Estas son las formas comunes de utilizar el comando sudo.

sudo −l - Listar comandos disponibles.

sudo command - Ejecutar comando co mo superusuario.

sudo -u root command − Igual que el comando sudo.

sudo -u user command - Ejecutar comando como usuario.

sudo su - Cambie a la cuenta de superusuario.

sudo su – - Cambie a la cuenta de superusuario con un entorno como el que se puede esperar para ver si hubiera iniciado sesión como ese usuario.

sudo su – nombre de usuario - Cambiar a la cuenta de usuario con un entorno como el que se puede esperar para ver si hubiera iniciado sesión como ese usuario.

```
$ sudo -l
User bob may run the following commands on this host:
(root) NOPASSWD: /etc/init.d/apache2
(fred) NOPASSWD: /opt/fredApp/bin/start
(fred) NOPASSWD: /opt/fredApp/bin/stop
(root) /bin/su - oracle
$ sudo /etc/init.d/apache2 start
 * Starting web server apache2
$ sudo -u fred /opt/fredApp/bin/start
Fred's app started as user fred.
$ sudo su - oracle
[sudo] password for bob:
oracle@linuxsvr:~$ whoami
oracle
oracle@linuxsvr:~$ exit
$ whoami
bob
$
```

La salida de sudo - 1 muestra qué comandos se pueden ejecutar con sudo y con que tipo de cuenta. En el ejemplo anterior, sudo no le pedirá una contraseña para los comandos que empiezan con un NOPASSWD. Este tipo de configuración puede ser necesaria para automatizar los trabajos a través de cron que requiere privilegios escalados.

Para Profundizar

- El comando su
  http://www.linfo.org/su.html

- Sudo - El sitio web oficial de sudo.
  http://www.sudo.ws/sudo/

- Ubuntu Sudo Documentación
  http://help.ubuntu.com/community/RootSudo

INSTALACIÓN DE SOFTWARE

Normalmente cuando se instala el software en un sistema Linux lo hace con un paquete. Un paquete es una colección de archivos que componen una aplicación. Además, un paquete contiene datos acerca de la aplicación, así como los pasos necesarios para instalar y quitar esa aplicación con éxito. Los datos, o metadatos, contenidos dentro de un paquete pueden incluir información como la descripción de la aplicación, la versión de la aplicación, y una lista de otros paquetes de los que depende. Con el fin de instalar o desinstalar un paquete necesita utilizar los privilegios de superusuario.

Un gestor de paquetes se utiliza para instalar, actualizar y eliminar paquetes. Cualquier software adicional que se requiere para que un paquete funcione correctamente se conoce como una dependencia. El gestor de paquetes utiliza los metadatos de un paquete para instalar automáticamente las dependencias. Los gestores de paquetes no pierden de vista que archivos pertenecen a que paquetes, que paquetes están instalados, y que versiones de paquetes estan instaladas.

Instalación de software en Distribuciones CentOS, Fedora y RedHat

La utilidad de línea de comando yum es un programa de gestión de paquetes para las distribuciones Linux que utiliza el gestor de paquetes RPM. CentOS, Fedora, Oracle Linux, RedHat Enterprise Linux, y Scientific Linux son distribuciones RPM en las que se puede utilizar yum.

`yum search search-string` - Búsqueda de serie.

`yum install [-y] package`- Instalar paquete. Utilice la opción-y para que responda automáticamente que sí a las preguntas de yum.

`yum remove package` - Eliminar / desinstalación de paquetes.

`yum info [package]` - Muestra la información sobre el paquete.

Para buscar software para instalar, usar `search search-string`.

```
$ yum search inkscape
Loaded plugins: refresh-packagekit, security
============== N/S Matched: inkscape ==============
inkscape-docs.i686 : Documentation for Inkscape
inkscape.i686 : Vector-based drawing program using
SVG
inkscape-view.i686 : Viewing program for SVG files

  Name and summary matches only, use "search all" for
everything.
$
```

Para instalar el software, utilice yum install paquete. La instalación de software requiere privilegios de superusuario. Esto significa que usted necesita usar sudo o cambiar a la cuenta de root con el comando su.

```
$ sudo yum install inkscape
[sudo] password for bob:
Loaded plugins: refresh-packagekit, security
Setting up Install Process
Resolving Dependencies
--> Running transaction check
---> Package inkscape.i686 0:0.47-6.el6 will be
installed
--> Processing Dependency: python for package:
...
Dependencies Resolved
=========================================================
 Package      Arch   Version           Repository
Size
=========================================================
Installing:
 inkscape     i686   0.47-6.el6        base          8.6 M
Installing for dependencies:
 ImageMagick i686   6.5.4.7-7.el6_5   updates       1.7 M
...
Transaction Summary
=========================================================
Install      21 Package(s)

Total download size: 21 M
Installed size: 97 M
Is this ok [y/N]: y
Downloading Packages:
(1/21): ImageMagick-6.5.4.7-7.el6_5.i686.rpm
...
Installed:
  inkscape.i686 0:0.47-6.el6

Dependency Installed:
  ImageMagick.i686 0:6.5.4.7-7.el6_5
...
Complete!
```

Para desinstalar un paquete, utilice yum remove. La eliminación del software requiere privilegios de superusuario.

```
$ sudo yum remove inkscape
Loaded plugins: refresh-packagekit, security
Setting up Remove Process
Resolving Dependencies
--> Running transaction check
---> Package inkscape.i686 0:0.47-6.el6 will be
erased
--> Finished Dependency Resolution

Dependencies Resolved

===========================================================
 Package     Arch     Version         Repository       Size
===========================================================
Removing:
 inkscape    i686     0.47-6.el6      @base            37 M

Transaction Summary
===========================================================
Remove          1 Package(s)

Installed size: 37 M
Is this ok [y/N]: y
Downloading Packages:
Running rpm_check_debug
Running Transaction Test
Transaction Test Succeeded
Running Transaction
  Erasing    : inkscape-0.47-6.el6.i686      1/1
  Verifying  : inkscape-0.47-6.el6.i686      1/1

Removed:
  inkscape.i686 0:0.47-6.el6

Complete!
$
```

El comando rpm

Además del comando yum, puede utilizar el comando rpm para interactuar con el gestor de paquetes.

rpm -qa - Enumerar todos los paquetes instalados.

rpm -qf /path/to/file - Anote el paquete que contiene el archivo.

rpm -ivh package.rpm - - Instalar un paquete desde el archivo llamado package.rpm.

rpm -ql package - Listar todos los archivos que pertenecen al paquete

```
$ rpm -qa | sort | head
acl-2.2.49-6.el6.i686
acpid-1.0.10-2.1.el6.i686
aic94xx-firmware-30-2.el6.noarch
alsa-lib-1.0.22-3.el6.i686
alsa-plugins-pulseaudio-1.0.21-3.el6.i686
alsa-utils-1.0.22-5.el6.i686
anaconda-13.21.215-1.el6.centos.i686
anaconda-yum-plugins-1.0-5.1.el6.noarch
apache-tomcat-apis-0.1-1.el6.noarch
apr-1.3.9-5.el6_2.i686
$ rpm -qf /usr/bin/which
which-2.19-6.el6.i686
$ sudo rpm -ivh SpiderOak-5.0.3-1.i386.rpm
[sudo] password for bob:
Preparing...          ##################### [100%]
   1:SpiderOak        ##################### [100%]
$
```

Instalación del software en Debian y Ubuntu

Las distribuciones Debian y Ubuntu utilizan un gestor de paquetes llamado APT, Advanced Packaging Tool. APT se compone de un par de pequeñas utilidades siendo las dos más comúnmente utilizadas apt-cache y apt- get.

`apt-cache search search-string` - Búsqueda de serie-búsqueda.

`apt-get install [-y] package` - Instalar paquete. Utilice la opción-y para que responda automáticamente que sí a las preguntas de apt- get.

`apt-get remove package` - Eliminar / desinstalación de paquetes, dejando atrás los archivos de configuración.

`apt-get purge package` - Eliminar / paquete de desinstalación, la eliminación de archivos de configuración.

`apt-cache show package` - Muestra información sobre el paquete.

Para buscar software para instalar, use `apt-cache search search-string`.

```
$ apt-cache search inkscape
create-resources - shared resources for use by
creative applications
inkscape - vector-based drawing program
python-scour - SVG scrubber and optimizer
fonts-opendin - Open DIN font
fonts-rufscript - handwriting-based font for Latin
characters
ink-generator - Inkscape extension to automatically
generate files from a template
lyx - document processor
robocut - Control program for Graphtec cutting
plotters
sozi - inkscape extension for creating animated
presentations
ttf-rufscript - handwriting-based font for Latin
characters (transitional dummy package)
$
```

Para instalar el software, utilice `apt-get install package`. La instalación de software requiere privilegios de superusuario. Esto significa que usted necesita usar sudo o cambiar a la cuenta de root con el comando su.

```
$ sudo apt-get install inkscape
Reading package lists... Done
Building dependency tree
Reading state information... Done
The following extra packages will be installed:
   aspell aspell-en cmap-adobe-japan1 dbus-x11
...
3 upgraded, 74 newly installed, 0 to remove and 96
not upgraded.
Need to get 62.7 MB of archives.
After this operation, 171 MB of additional disk space
will be used.
Do you want to continue [Y/n]? y
...
Setting up perlmagick (8:6.6.9.7-5ubuntu3.2) ...
Processing triggers for libc-bin ...
ldconfig deferred processing now taking place
$
```

Para desinstalar un paquete, utilice apt- get remove. La eliminación del software requiere privilegios de superusuario.

```
$ sudo apt-get remove inkscape
Reading package lists... Done
Building dependency tree
Reading state information... Done
The following packages will be REMOVED:
   inkscape
0 upgraded, 0 newly installed, 1 to remove and 96 not
upgraded.
After this operation, 64.9 MB disk space will be
freed.
Do you want to continue [Y/n]? y
(Reading database ... 69841 files and directories
currently installed.)
Removing inkscape ...
Processing triggers for man-db ...
```

```
Processing triggers for hicolor-icon-theme ...
$
```

El comando dpkg

Además de las utilidades apts, puede utilizar el comando dpkg para interactuar con el gestor de paquetes.

`dgpk -l` - lista de todos los paquetes instalados.

`dpkg -S /path/to/file` - Anote el paquete que contiene el archivo.

`dpkg -i package.rpm` - Instalar un paquete desde el archivo llamado paquete.deb.

`dpkg -L package` - Listar todos los archivos que pertenecen al paquete.

```
$ dpkg -l | head
Desired=Unknown/Install/Remove/Purge/Hold
| Status=Not/Inst/Conf-files/Unpacked/halF-conf/Half-
inst/trig-aWait/Trig-pend
|/ Err?=(none)/Reinst-required (Status,Err:
uppercase=bad)
||/ Name              Version
Description
+++-=================-=============-==================
ii  accountsservice  0.6.15-2ubuntu9.6      query
and manipulate user account information
ii  acpid            1:2.0.10-1ubuntu3      Advanced
Configuration and Power Interface event daemon
ii  adduser          3.113ubuntu2           add and
remove users and groups
ii  apparmor         2.7.102-0ubuntu3.9     User-
space parser utility for AppArmor
ii  apport           2.0.1-0ubuntu17.5
automatically generate crash reports for debugging
```

```
$ dpkg -S /usr/bin/which
debianutils: /usr/bin/which
$ sudo dpkg -i spideroak_5.1.3_i386.deb
[sudo] password for bob:
Selecting previously unselected package spideroak.
(Reading database ... 153942 files and directories
currently installed.)
Unpacking spideroak (from spideroak_5.1.3_i386.deb)
...
Setting up spideroak (1:5.1.3) ...
Processing triggers for man-db ...
Processing triggers for desktop-file-utils ...
Processing triggers for bamfdaemon ...
Rebuilding /usr/share/applications/bamf.index...
Processing triggers for gnome-menus ...
$
```

Para Profundizar

- Administración del software con Yum
  https://www.centos.org/docs/5/html/yum/

- aptget Howto
  https://help.ubuntu.com/community/AptGet/Howto

- Ubuntu - Instalación de Software
  https://help.ubuntu.com/community/InstallingSoftware

EL FIN Y EL PRINCIPIO

A pesar de que este es el final de este libro, espero sinceramente que sea sólo el comienzo de su viaje Linux. Linux ha ido creciendo constantemente en popularidad desde su lanzamiento en 1991. Encontrará que Linux se ejecuta en teléfonos, portátiles, servidores, supercomputadores, equipos industriales, e incluso en los dispositivos médicos. Las posibilidades de aprender, explorar, y crecer son infinitas.

SOBRE EL AUTOR

Jason Cannon comenzó su carrera como ingeniero de Unix y Linux System en 1999. Desde entonces ha utilizado sus habilidades de Linux en empresas como Xerox, UPS, Hewlett -Packard, y Amazon.com. Además, ha actuado como consultor técnico y contratista independiente para las pequeñas y medianas empresas.

Jason tiene experiencia profesional con CentOS, RedHat Enterprise Linux, SUSE Linux Enterprise Server y Ubuntu. Él ha utilizado varias distribuciones de Linux en proyectos personales, incluyendo Debian, Slackware, CrunchBang, y otros. Además de Linux, Jason tiene experiencia apoyando los sistemas operativos propietarios de Unix incluyendo AIX, HP- UX y Solaris.

Le gusta enseñar a otros cómo utilizar y explotar el poder del sistema operativo Linux e imparte cursos de formación de vídeo en línea en http://www.LinuxTrainingAcademy.com.

Jason es también el autor de *The Linux Screenshot Tour Book: : Una guía ilustrada de las distribuciones Linux más populares y de la línea de comandos de Kung Fu : Trucos Bash scripting, Linux Shell Programming Tips y Bash One-Liners.*

APÉNDICE

APÉNDICE A :
ABREVIATURAS Y SIGLAS

ACL - Access Control List

APT - Advanced Packaging Tool (APT)

ASCII - Código Estándar Americano para Intercambio de Información

CentOS - Empresas Comunitarias del Sistema Operativo

cd - Cambia el directorio

CLI - Interfaz de línea de comandos

crontab - tabla cron

dir - directorio

distro - Distribución, una colección de programas de usuario, el software y el kernel de Linux para crear un entorno operativo.

FOSS - software libre de código abierto

FTP - Protocolo de transferencia de archivos

GID - identificación de grupo

GB - gigabyte

GNU - GNU No es Unix. (Ver GNU.org)

GUI - Interfaz gráfica de usuario

HP - Hewlett -Packard

IBM - International Business Machines

KB - kilobytes

I / O - entrada / salida

LFS - Linux desde cero. (Ver http://www.linuxfromscratch.org/)

LSB - Linux Standard Base

LUG - grupo de usuarios de Linux

LVM - gestión de volúmenes lógicos

MB - megabyte

MBR - Master Boot Record

NFS - Sistema de archivos de red

NTP - Network Time Protocol

OS - Sistema operativo

PID -Número de identificación del proceso

POSIX - interfaz de sistema operativo portátil

pwd - directorio de trabajo actual

RHEL - RedHat Enterprise Linux

RHCE - Red Hat Certified Engineer

RPM - RedHat Package Manager

SAN - Red de área de almacenamiento

SELinux - Security Enhanced Linux

SFTP- Protocolo de transferencia de protocolo de transferencia segura de archivos o de archivos SSH

SGID - grupo creado ID

SLES - SuSE Linux Enterprise Server

SSH - secure shell

STDIN - entrada estándar

STDOUT - salida estándar

STDERR - Error estándar

do - superusuario

sudo - superusuario hacer

SUID - establecer el ID de usuario

symlink - enlace simbólico

tar - archivo de cinta

TB - terabyte

TTY - terminal de teletipo

UID - identificación de usuario

Imagen de disco virtual - VDI

Sistema de Ventanas X - X

YUM - Yellowdog Updater, Modified (yum)

APÉNDICE B: PREGUNTAS MÁS FRECUENTES

Q : ¿Dónde puedo acceder a todos los enlaces de este libro?

Los enlaces que se tratan en este libro junto con otro material complementario están disponible en:

http://www.linuxtrainingacademy.com/lfb

Q : ¿Qué es Linux?

Linux es un sistema operativo de código abierto modelo de UNIX.

Q : ¿Qué es el kernel de Linux?

El kernel de Linux maneja las interacciones entre el software que se ejecuta en el sistema y el hardware. Para obtener más información, visite la página web oficial del kernel de Linux en http://www.kernel.org.

Q : ¿Qué distribución de Linux debo utilizar?

Si su meta es llegar a ser con el tiempo un administrador de sistemas Linux, se debe centrar en CentOS o Ubuntu. CentOS es un derivado Red Hat Enterprise Linux (RHEL). Como regla general, CentOS y RHEL se encuentran a menudo en entornos corporativos. Ubuntu es popular entre las empresas más pequeñas que ejecutan sus operaciones en la nube. Si está utilizando Linux para sus propias razones personales, elija una distribución que le atraiga. Para obtener algunas ideas vea los 10 mejores distribuidores de DistroWatch.com ' s.

Aquí están algunas otras distribuciones de Linux comunes :

- Arch Linux - https://www.archlinux.org/

- Debian - http://www.debian.org/

- Fedora - http://fedoraproject.org/

- LinuxMint - http://www.linuxmint.com/

- Mageia - http://www.mageia.org/

- openSUSE - http://www.opensuse.org/

Hay varias distribuciones de Linux de propósito especial que se concentran en una sola área. Ejemplos áreas de interés son la educación, el minimalismo, multimedia, redes / cortafuegos y seguridad. Aquí tiene sólo una muestra de las distribuciones especializadas disponibles.

- ArtistX - Un DVD que convierte un ordenador en un estudio completo de la producción multimedia.
http://artistx.org/

- Edubuntu - Un sistema operativo orientado a la educación.
http://www.edubuntu.com/

- live.linuX - gamers.net - Una distribución de Linux en vivo centrada en los juegos.
http://live.linux-gamers.net/

- Mythbuntu - Mythbuntu se centra en la creación de un MythTV basado PVR independiente del sistema (grabador de vídeo personal).
http://www.mythbuntu.org/

- Parted Magic - Una solución de gestión de disco duro.
https://partedmagic.com/

- Scientific Linux - Scientific Linux es un producto del Fermilab, CERN, y varios otros laboratorios y universidades de todo el mundo. Su objetivo principal es reducir la duplicación de esfuerzos de los laboratorios, y para tener una instalación base común para los diversos experimentadores.
https://www.scientificlinux.org/

- Ubuntu Studio - Proporciona toda la gama de aplicaciones de creación de contenidos multimedia para audio, gráficos, vídeo, fotografía y la edición.
http://ubuntustudio.org/

- VortexBox - VortexBox es una solución multifuncional para extraer, almacenar y transmitir CDs, música digital y radio por

Internet.
http://www.vortexbox.co.uk/

Q : ¿Puedo usar Microsoft Office en Linux?

Microsoft Office no está disponible para Linux, sin embargo, hay alternativas como LibreOffice, Open Office, y AbiWord.

Q : ¿Cómo se ejecuta el programa XYZ en Linux?

Para encontrar alternativas de Linux para software que se utiliza en Mac y Windows, visite http://alternativeto.net/.

APÉNDICE C: MARCAS

BSD / OS es una marca comercial de Berkeley Software Design, Inc. en los Estados Unidos y otros países.

Facebook es una marca comercial registrada de Facebook, Inc..

Firefox es una marca registrada de la Fundación Mozilla.

HP y HEWLETT-PACKARD son marcas registradas que pertenecen a Hewlett -Packard Development Company, LP.

IBM® es una marca registrada de International Business Machines Corp., registradas en muchas jurisdicciones de todo el mundo.

Linux® es la marca registrada de Linus Torvalds en los EE.UU. y otros países.

Mac OS X y son marcas comerciales de Apple Inc., registradas en los EE.UU. y otros países.

Open Source es una marca de certificación registrada de Open Source Initiative.

Sun y Oracle Solaris son marcas comerciales o marcas comerciales registradas de Oracle Corporatoin y / o sus afiliadas en los Estados Unidos y otros países.

UNIX es una marca comercial registrada de The Open Group.

Windows es una marca registrada de Microsoft Corporation en Estados Unidos y en otros países.

Todos los demás nombres de productos aquí mencionados son marcas comerciales de sus respectivos propietarios.

www.ingramcontent.com/pod-product-compliance
Lightning Source LLC
LaVergne TN
LVHW022343060326
832902LV00022B/4205